信州
おなまえ旅

信州おなまえ旅を開いてごらん

まえがき

はじめまして！長野県のニッチ（スキマ）な観光情報を紹介するWEBメディア『Skima（スキマ）信州』編集長の山本麻綾（信州さーもん）です。

『信州おなまえ旅』の企画は、Skima信州で連載中の「地名の謎シリーズ」をきっかけにお声がけいただきました。古代より人の営みがある信州の歴史は古く、「なぜこんな名前なのだろう」と思うような面白い地名や町名であふれています。

「鬼の無い里」と書く“鬼無里（きなさ）”には鬼がいたのか。“姨捨（おばすて）”にはおばあさんが捨てられていたのだろうか。長野県はなぜ“信州”と呼ばれることが多いのか……。

「なぜだろう」という視点は、旅をより深く、豊かにします。訪れる前に感じた疑問や仮説は、実際に訪れてみると実感（あるいは驚き）に変わり、経験と知識として積み重なっていきます。わたしは長野県のすみずみを旅しながら、そんな「地名の謎」を探るのが大好きなのです。

不思議な“おなまえ”に「なぜだろう」と思ったら、あなたもスキマな信州旅に出かけてみませんか？

Skima Shinshu Maaya Yamamoto 2024 june

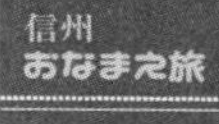

なぜ長野県は「信州」と呼ばれるのか

長野県には「信濃」や「信州」のように、県全体を表すいくつかの呼び方があります。「長野」と聞くと長野県全体のことではなく、長野市をイメージする長野県民も多いのではないでしょうか。

それもそのはず、長野県は1871（明治4）年に廃藩置県が行われるまで、少なくとも1,000年以上の長い間「**信濃国**（しなののくに）」と呼ばれていたのです。善光寺周辺を表すお名前だった「長野」が県名にまで出世したサクセスストーリーをさぐるため、まずは深い歴史のあるシナノの由来をみていきましょう。

シナノと呼ばれた長野県

「シナノ」に関する最も古い記録は7世紀末、飛鳥国（現在の奈良県）の宮殿跡地から出土した木簡に「**科野国**（しなののくに）」と記されたものです。木簡というのは、墨で文字が書かれた木片のことで、当時の記録が残された貴重な資料です。また712（和銅5）年に完成した『古事記』にも登場することから、1,300年以上前にはすでに国として成立していたことが分かります。

さらに記録に残る以前、つまり日本に“文字”が伝来する前からシナノというクニがあったと推測すると、その起源はもう少し古いと考えられます。

シナには「層をなして重なったもの」という意味があり、段丘や段差を表します。シナのつく地名は全国的に傾斜や山のある場所に多いことから、**段丘や険しい山のある地形に由来する**のではないかと考えられています。

長野県にも**埴科**（はにしな）、**更科**（さらしな）、**倉科**（くらしな）、**保科**（ほしな）、**仁科**（にしな）、**明科**（あかしな）などシナのつく地名はたくさんあります。「科野」に対するリスペクトやオマージュもあるかもしれませんが、地形を見ても、山に囲まれた長野県らしい地名ですね。

ほかに**長野県に古くから自生していた「シナノキ」に由来するという説**もあります。シナノキは長野市の「市の木」にも制定されていますね。

科野から信濃へ

「科野」は飛鳥時代から奈良時代にかわった数年後には「**信濃**」と表記を改めます。最も古い記録は、奈良時代前期に書かれた『長屋王家木簡』という木簡のうちのひとつです。

漢字がかわった理由は、713（和銅6）年に出された「**好字二字令**（こうじにじれい）」によるもの。それまでの日本は文字のない地名に対して自由に漢字をあてていたので、表記がバラバラでした。そこで「縁起の良い漢字二文字に統一してね」と天皇から出された勅令が好字二字令です。今でも二文字の地名が多いのは、この時の名残りかもしれません。

信濃を「信州」と呼ぶ理由

さらに時代が進むと「信州」という言葉が出てきます。「州」は中国の地方単位で、日本はそれになぞって「**国名の漢字1文字＋州**」と呼ぶ慣用表現ができました。全国でも「甲斐国→甲州」「武蔵国→武州」「和泉国→泉州」「紀伊国→紀州」などと呼ばれています。信濃国も**「信」＋「州」＝「信州」**と表記されました。

「長野」は善光寺平の小さな村の名前

現在の県名である「**長野**(ながの)」は、1601（慶長6）年の『善光寺文書』に「長野村」として初めて登場します。長野村は善光寺を中心とする門前集落で、善光寺の支配下にありました。今では長野県全域をあらわす地名ですが、はじめは小さな集落のお名前だったのです。

しかし同じ年に長野村が北国街道の宿駅に決まると、長野村は「**善光寺村**」と改められます。北国街道では「善光寺町宿」と表記されました。

「長野」の由来にも諸説ありますが、やはり地形に由来する説が有力です。「**ナガ**」は「流れる」を語源とし、**長く伸びた**

ゆるい傾斜地を意味します。「**ノ**」も同じく**傾斜地を意味**することから、**ナガノは扇状地のようなゆるい傾斜地を表す地名**だと考えられます。今でも長野駅から善光寺まで歩くとき、ゆるくて長い坂道をのぼるような感覚がありますが、この地形が「ナガノ」の由来だったのですね。

長野県の誕生

江戸時代の終わり、新政府が廃藩置県、つまり元々あった「藩」という制度を取りやめ、新たに「県」を導入しました。**中野県**、**松代県**、**高島県**、**上田県**など当時の藩ごとにいくつかの県を定めます。

1870（明治3）年には北信と東信をまとめて**中野県**を定め、県庁を現在の中野市に置きました。しかし当時は全国的な凶作が続いていたにも関わらず、中野県では増税策が次々と取られたことで民衆の反感を買うことになります。「中野騒動」と呼ばれる大規模な世直し一揆が起こって、町の一部と県庁が焼失する事態となりました。

そこで翌年の1871（明治4）年、県庁を長野村に移転し、県の名前もそれに伴って「**長野県**」に改められました。さらに現在の長野県と飛騨地方の一部を「**伊那県**」とし、信州の中には「長野県」と「伊那県」2つの県が残ったのです。

伊那県と長野県になった信濃国は、そのわずか4ヶ月後に政府の意向で「**長野県**」と「**筑摩県**」に再編成されます。筑摩県の県庁は旧松本城内に置かれていましたが、5年後の1876（明治9）年に放火されて焼失。ちょうど県の数をまとめて減らしていこうと「府県統合政策」を進めていた明治政府は、このタイミングで筑摩県を廃止します。飛騨を岐阜県に併合し、あとは長野県にまとめられました。これがほぼ現在の長野県の姿となったわけです。

慶応4年2月～8月

戊辰戦争開始～伊那県成立以前

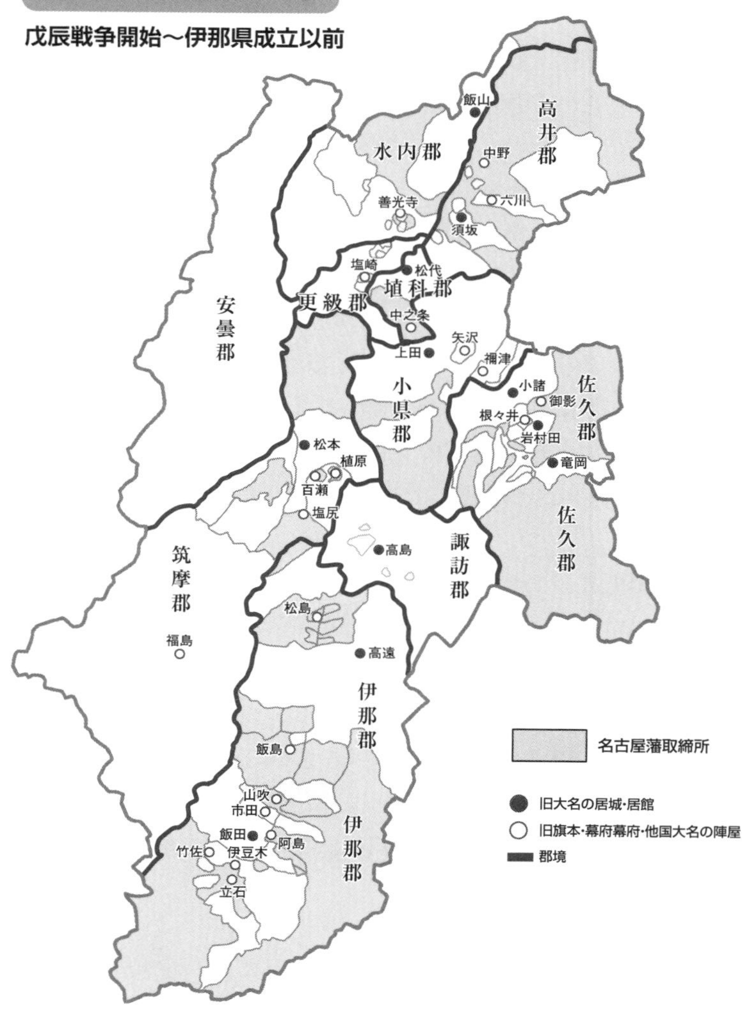

廃藩置県当初

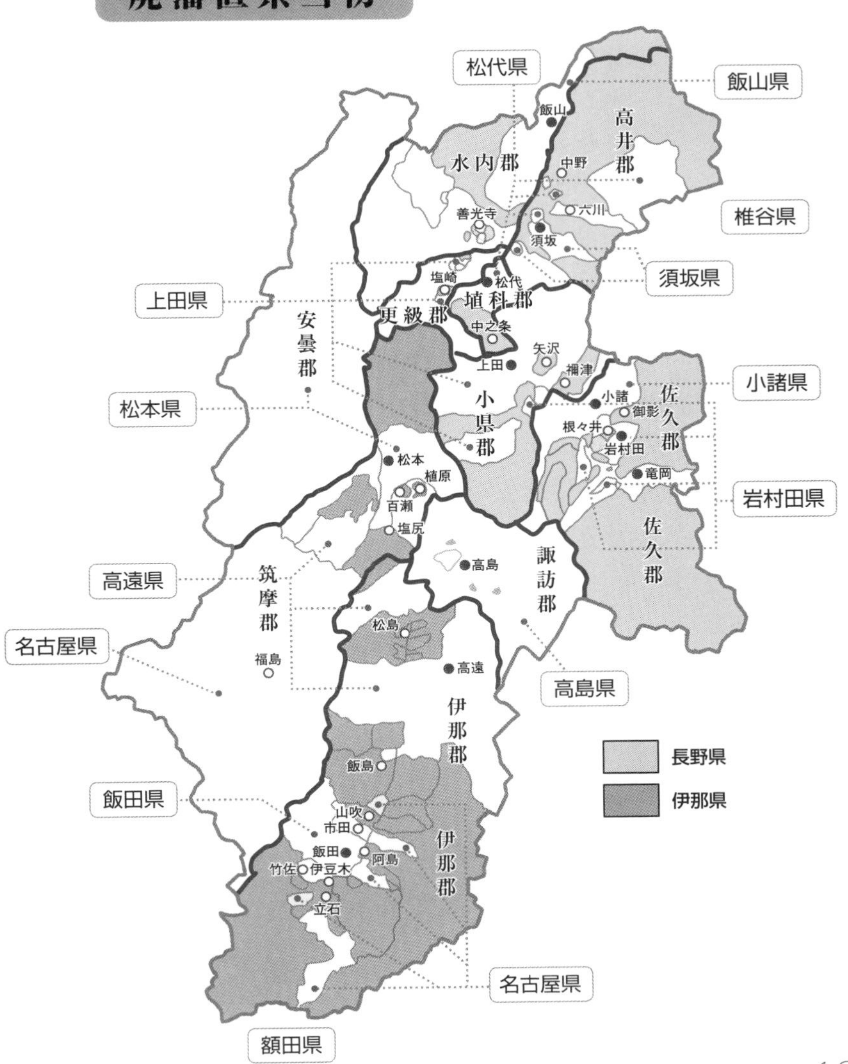
松代県
飯山県
飯山
高井郡
水内郡
中野
椎谷県
善光寺
六川
須坂
須坂県
塩崎
松代
上田県
埴科郡
更級郡
安曇郡
中之条
矢沢
上田
禰津
小諸県
小諸
佐久郡
松本県
御影
小県郡
根々井
岩村田
松本
植原
竜岡
岩村田県
百瀬
塩尻
佐久郡
高島
諏訪郡
高遠県
筑摩郡
松島
名古屋県
福島
高遠
高島県
伊那郡
長野県
飯島
伊那県
飯田県
山吹
市田
伊那郡
飯田
阿島
竹佐
伊豆木
立石
名古屋県
額田県

みんな納得!「信州」呼び

こうして長野県は信濃国だった頃とほぼ同じ形のまま、県として新しい時代を歩みはじめます。1998（平成10）年には長野オリンピックも開催され、「**NAGANO**」は全世界に知られることとなりました。

しかし「長野」を県全体の呼び方とすることに違和感がある方もいらっしゃいます。そこで長野県全体を表すときに「信州」や「信濃」が採用されることも。例えば駅名の「**信濃松川**」「**信州中野**」駅のように頭に「信濃」や「信州」と入るものや、長野県唯一の国立大学である「**信州大学**」などがその代表例です。ちなみに県名が大学名ではない国立大学は青森県の弘前大学と信州大学のみ。報道機関も「信濃毎日新聞」「テレビ信州」がありますね。ちなみにわたしの運営するWEBメディアも『Skima信州』です。

古くから国名の役割を果たしてきた「信濃」や「信州」は、長野県民の心に刻まれてきた愛すべき地名です。また歴史は浅くとも世界に通じる 「長野（NAGANO）」も大切にしていきたいですね。

信州おなまえ旅

気になる名？　なら、旅にでかけましょ

月岡芳年「新形三十六怪撰
平惟茂戸隠山に悪鬼を退治す図」

鬼無里に鬼はいないの？
伝説折り重なる「谷の都」

長野市内の北西部に位置する鬼無里(きなさ)地区。**「鬼の無い里」と書いて「きなさ」と読む**、難読地名のひとつです。平成の大合併で長野市に編入するまでは鬼無里村と呼ばれていました。長野市街地から車で30分ほどの距離ですが、トンネル開通前は車でのアクセスも悪く、秘境のイメージが強かったようです。

わたしが初めて鬼無里を訪れたのは、この地に伝わる「鬼女紅葉伝説」がきっかけ。平安時代に都から山流しにあった紅葉という女性が、やがて鬼となって討ち取られるまでを描いたお話です。

人の心を持たない悪女（鬼）として描かれることも少なくありませんが、鬼無里での紅葉は“鬼女”ではなく“貴女”として敬われ、愛され続けているのです。伝説を知ればもっと深まる、不思議な鬼無里の由来をご紹介します。

「きなさ（木那佐・鬼無里）」の歴史

現存する資料によると「鬼無里」は平安期には「**木那佐**」もしくは「**木那佐山**」などと書かれていました。

「鬼無里」と表記されるようになったのは、遅くとも戦国時代以前のこと。なんと記録上初めて「鬼無里」と記したのは、あの武田信玄だったのです。その頃の鬼無里は交通の要衝であったことから上杉謙信と武田信玄に領地を取り争われていました。1557（弘治3）年に信玄が配下に送った直筆の書状を意訳すると、「上杉勢からの奇襲のおそれがあるので、鬼無里方面の道筋を書いた地図を至急作成せよ」とあります。

「鬼無里」に残る鬼女紅葉伝説

肝心の「鬼無里」の由来ですが、確かなことは分かっていません。ですが地名の由来にまつわるいくつかの伝説が残っています。そのうちのひとつが「鬼女紅葉伝説」。

戸隠や鬼無里、また別所温泉（上田市）などを舞台にしたお話です。詳細はいくつかのパターンに分かれていますが、今回は鬼無里に伝わるお話をご紹介します。

鬼女紅葉伝説（鬼無里バージョン）とは

平安時代、紅葉（もみじ）という名のたいへん美しい娘がおりました。紅葉は少女時代の名前を呉葉（くれは）といい、会津（福島県）で生まれます。上洛した彼女は琴の名人として有名になり、**源経基**（みなもとのつねもと）の正室の侍女にまで出世しました。しかし経基の寵愛を受けて妾となった紅葉は、正室から妬まれるようになります。やがて正室を呪い殺そうとした罪で京から追放され、山流しされてしまいました。

戸隠の山奥（鬼無里）に流された紅葉はそこで子供を産み、経基の字をとって**経若丸**（つねわかまる）と名付けます。紅葉は里の人に京の文化や技術を伝え、貴人・生神様と敬われるようになりました。紅葉の住んだ場所は「内裏屋敷」と呼ばれ、今でも屋

鬼無里の各所に置かれた紅葉さんの看板

敷跡が残っています。その東方には東京（ひがしきょう）、西方には西京（にしきょう）があり、二条・三条・加茂・春日・高尾などと共に、紅葉のつけた京地名だと伝えられています。京での日々を懐かしむ想いが感じられますね。

月日が経ち経若丸が15歳になった頃、京が恋しくなった紅葉は上京を決意します。経若丸に父親を会わせてやりたいという気持ちもあったかもしれません。荒くれ者を従えた紅葉一行が京へ侵略してくるという噂を聞き付けた朝廷は**平維茂（たいらのこれもち）**を戸隠（鬼無里）に派遣し、紅葉討伐を命じます。

あまりの強さに「鬼女」と呼ばれた紅葉ですがついには追い詰められ、息子共々討ち取られてしまいます。紅葉は戸隠の山奥にある岩屋で、33年という短い生涯に幕を閉じました。紅葉の岩屋は戸隠の荒倉山の山中に今でも残っています。**鬼のいなくなった里であることから「鬼無里」という地名**になりました。

里の中心にある松巖寺（しょうがんじ）は紅葉の菩提寺だといわれており、守り本尊の地蔵菩薩も祀られています。山門の横には鬼女紅葉之墓があり、今でも毎朝住職がろうそくに火を灯しているそうです。鬼無里で鬼女紅葉伝説ゆかりの地をめぐっていると、伝説の息遣いが聞こえてくるように感じました。

鬼女紅葉伝説が由来とされる地名

- 龍虎ヶ原：維茂と紅葉が戦った場所
- 安堵ヶ原：維茂が紅葉を討ち取り、ほっと安堵したことから
- 追通：維茂が紅葉の手下を追いかけた場所（追い通す→追通）
- 毒平（ぶすだいら）：紅葉が維茂に毒の酒を飲ませようとしたところ
- 矢本八幡：維茂が矢を天に向けて放ったところ
- 矢先八幡：矢が落ちたところ
- 幕の入り：維茂軍が陣を敷いたところ

ほかにも残る鬼無里の伝説

鬼無里には「鬼女紅葉伝説」以外にも地名に関する伝説がいくつか残っています。今回はその中から個性ある3つの伝説をピックアップしました。

十二神社（長野市鬼無里）

湖沼伝説

善光寺平まで流れる裾花川の流域に沿ってポツポツと集落を成す鬼無里。戸隠から鬼無里へ抜ける標高1,055メートルの大望峠（だいぼうとうげ）からは北アルプスや戸隠連峰

を望み、その谷間を縫うようにまっすぐ南へと道が続いています。お皿の底のように凹んでいるため、鬼無里は大昔、湖に沈んでいたというのが湖沼伝説です。

道中の十二神社には「舟繋ぎの樹」があり、鬼無里が湖の底だった時代に船を繋いでおいたという伝説が残っています。湖はかなり大きく、直線距離で7.5キロメートル離れた飯縄神社（現小川村飯縄山頂）まで広がっていたそう。

ある時虫倉山と荒倉山の間で山崩れがあり、銚子口トンネルのあたりから湖の水が流れ出します。こうして湖の底から現れた里は、**水の無い里であることから水無瀬（みなせ）と呼ばれ**ました。鬼無里の前は水無瀬と呼ばれていたのだそうです。鬼無里神社の近くには、湖の底から現れた山が魚の頭のように見えることから名付けられた**魚山**があります。

遷都伝説「一夜山の鬼」

日本最古の歴史書のひとつ『日本書紀』には684（天武天皇13）年の春、信濃国に使者が派遣され検分したという記述があります。派遣された三野王（みののおおきみ）や小錦下采女臣筑羅（うねめのおみつくら）らはその年の夏、朝廷に信濃国の図面を提出しました。どのような目的で、具体的にどこを訪れたのかは詳しく分かっていませんが、その歴史にちなんだ「**遷都伝説**」も語り継がれています。

当時鬼無里のあたりに住んでいた鬼たちは遷都計画を聞きつけ、自分たちの住処が都になるなんてたまったものではない!と一夜にして山を運んできて谷の真ん中にすえ、用地をふさいでしまったのです。こうして鬼が一夜にして運んだ山を**一夜山**（いちやさん）と呼びます。遷都計画を邪魔されて怒った天武天皇は、**阿部比羅夫**（あべのひらふ）を鬼退治に派遣しました。退治されて鬼のいない里になったことから、「鬼無里」と名前を変えたということです。

加茂神社をはじめ京にちなんだ地名や社名は、天武天皇の時代に遷都計画の検分にきていた三野王が建立・命名したといわれています。鬼無里日影に鎮座する白髯（しらひげ）神社は新都の鬼門鎮護として建てられました。

八坂に伝わる「紅葉鬼人」の伝説

ほかにも紅葉が、安曇野や八坂（現大町市）に伝わる**魏石鬼八面大王**（ぎしきはちめんだいおう）**の妻であり、その子どもが金太郎**だという面白い伝説もあります。

その昔、八坂のいちばん高い山に紅葉鬼人という女性が

金太郎看板（大町市八坂）

八面大王ファミリー（大王わさび農場）

住んでおり、有明山に住む八面大王と恋仲になりました。間に生まれた子どもは金太郎と名付けられ、山の麓にある温泉を産湯にしたことで健やかで力持ちになったそうです。八坂には信州金熊（かなくま）温泉があり、金太郎ゆかりの地であることから子どもの成長祈願や子宝成就にもご利益があるといわれています。

八面大王にもたくさんの伝説が残っていますが、朝廷に派遣された英雄（八面大王は坂上田村麻呂、鬼女紅葉は平維茂）に討たれた点が鬼女紅葉の伝説にも通じるところがあります。2人とも鬼・悪役として登場するものの、ダークヒーローのように魅力溢れるキャラクターですね。

ちなみに鬼無里は善光寺周辺と近いイメージですが、電車や車のない時代には大町・白馬方面との結びつきも強く、交流の名残が伝説にも表れています。長野市街地から鬼無里を通り白馬に抜ける道は、今でもドライブやツーリングスポットとして人気。里山の風景に耳を澄ませ、伝説の息遣いを感じてみてくださいね。

長野市「いろは堂」のおやき

鬼無里の老舗「いろは堂」でおやきを食す

鬼無里のメインロードである県道406号線沿いには、老舗おやき店の「**いろは堂**」が店を構えています。元は小川村の和菓子店で修行を積んだ初代が、1925（大正14）年に小川村で創業した店を1954（昭和29）年に鬼無里へ移転したそうです。元々は鬼無里小中学校の給食パンも製造していたため、おやきの作り方も個性的。油で揚げた後に高温の釜で焼き上げる独特の製法で、「時間が経っても美味しい」こんがりふっくらとしたおやき。

高い天井に太い梁、そして囲炉裏のある店内ではおやきと一緒にお茶やお漬物が振る舞われます。元々は長野で家庭の味として受け継がれてきたおやき。おばあちゃんの家に遊びにきたような、懐かしい気持ちが味わえるかもしれません。

平維茂が矢を放った「矢本神社」

矢本神社
（長野市戸隠）

平維茂が紅葉討伐の時に、矢を放った矢本神社。裾花川を麓に荒倉山まで一直線。ここに立つと、平維茂が戸隠の敵を見つけるためにこの地を選んだ理由がわかる気がする！ちなみに矢が刺さった場所は戸隠柵（しがらみ）にある矢先八幡（柵神社）。人間業とは思えない飛距離だけど、そんなところにも伝説が感じられるね。

長野県に多い名字たち

「長野県に多い名字」といえば、何が思い浮かびますか？自然の多い長野県には、自然に関するお名前を持つ方もたくさん！ ここでは長野県に多い名字と、その由来をご紹介します。

圧倒的1位 小林

2位や3位に圧倒的な差をつけて1位を獲得したのは**小林**さん。日本全国におよそ107万5,000人いて、全国9位の名字です。広く分布していますが、都道府県別で1位なのは長野県のみ。県内のおよそ6万9,000人が小林さんです。

小林は文字通り「雑木林のような小さな林」を意味します。ルーツとしていちばん有名なのは飯田市小林であり、諏訪氏の支流（分家）に当たります。このほかにもたくさんルーツがあり、出自が定かでないものが多いとのこと。県内の分布で見ると北信が圧倒的に多く、特に中野市や信濃町ではダントツ。市町村単位では富士見町に多く、人口の約1割が小林さんです。

▼長野県の名字ランキング 50

1	小林	18	滝沢	35	久保田
2	田中	19	中島	36	宮坂
3	中村	20	小松	37	百瀬
4	丸山	21	鈴木	38	市川
5	伊藤	22	土屋	39	太田
6	佐藤	23	青木	40	関
7	清水	24	西沢	41	今井
8	高橋	25	小池	42	井出
9	山崎	26	斉藤	43	佐々木
10	林	27	山本	44	山岸
11	宮沢	28	中沢	45	堀内
12	柳沢	29	北原	46	平林
13	宮下	30	小山	47	木下
14	原	31	池田	48	加藤
15	山田	32	山口	49	中山
16	竹内	33	北沢	50	塚田
17	渡辺	34	酒井		

［小林一茶］こばやし いっさ

江戸時代を代表する俳人のひとりである小林一茶は柏原（信濃町）の生まれ。一茶は俳号で、本名は小林弥太郎といいます。15歳で奉公のために江戸へ出て「俳諧」と出会いました。

［松井須磨子］まつい すまこ ※本名:小林正子

『カチューシャの唄』で空前の大ヒットを記録した昭和を代表する女優・松井須磨子。1886（明治19）年、松代町（長野市）の真田家元家臣の家に生まれ、17歳で上京しています。2度の離婚後に演出家の島村抱月とスキャンダラスな恋に落ちて世間を賑わせました。

田んぼの真ん中は有力者の証! 田中

2位につけたのは**田中**。全国ランキングは4位ですが西日本に多い苗字で、東日本で2位以上に入っているのは長野県のみ。県内の1%強に及ぶ約2万5,000人が田中さんです。

田中性のルーツはさまざまありますが、地形由来の名字です。中田、山田、久保田など「田」のつく名字は多くありますが、ダントツに多いのが田中さん。

豪商の館 信州須坂
田中本家博物館

田中といえば、須坂市にある豪商の館「田中本家博物館」。田中家は江戸時代中期の1733（享保18）年に初代の新八が現在の須坂市穀町（こくまち）で穀物、菜種油、煙草、綿、酒造業などの商売を始めたのが始まり。新八は1699（元禄12）年に須坂の仁礼（にれい）村の百姓田中傳右衛門の次男として生まれ、当時須坂の豪商といわれた牧七郎右衛門家へ奉公に上がり、その後20年間商人としての修業を積んだそうです。

須坂藩の御用達となってからは、名字を名乗り帯刀を許される大地主となりました。そんな田中家の財力は、須坂藩に勝ったともいわれます。田中本家博物館では江戸から昭和にかけて田中家で使われてきた生活品や庭園などを見学することができますよ。

生坂村にルーツあり! 丸山

長野県で4位につけている**丸山**。全国に広く分布する名字ですが、全国順位は74位とそれほど高くはありません。長野県内では松本以北に集中していて、安曇野市や大町市、白馬村や池田町などで多くみられます。全国で見ると長野県のほかは新潟県に多く、妙高市や上越市など上越地方南部に集中しています。

丸山性が見られる最古の記録は長野県にあります。筑摩郡日岐（ひき）（現生坂村）がルーツであり、仁科氏の支流（分家）だといわれています。

［丸山晩霞］まるやま ばんか

水彩画家の丸山晩霞、本名は丸山健作（健策とも）。1867（慶応3）年に祢津（ねづ）（現東御市）で生まれ、父は養蚕業や蚕種製造業を営んでいました。日本水彩画研究所を創立したメンバーのひとりで、水彩画の先駆者とも謳われています。東御市には「丸山晩霞記念館」があり、信州の原風景を美しく描いた晩霞の作品が展示されています。

▼長野県の名字ランキング 51〜100

順位	名字	順位	名字	順位	名字
51	和田	68	篠原	85	上条
52	荻原	69	沢	86	横山
53	上原	70	吉田	87	高山
54	桜井	71	依田	88	五味
55	赤羽	72	北村	89	島田
56	松沢	73	宮島	90	伊東
57	熊谷	74	近藤	91	黒岩
58	藤森	75	金子	92	望月
59	有賀	76	飯島	93	矢島
60	吉沢	77	原田	94	阿部
61	唐沢	78	内山	95	小平
62	藤沢	79	西村	96	春日
63	松本	80	若林	97	高木
64	荒井	81	高野	98	松下
65	小口	82	武田	99	樋口
66	宮崎	83	新井	100	上野
67	金井	84	片桐		

石を投げれば「○沢さん」に当たる？

長野県に住む方なら、一度は「沢」のつく名字の人に出会ったことがあるのではないでしょうか。宮沢、柳沢、滝沢、西沢など、長野県の名字ランキング100位以内に入る「○沢」さんは11個もあります。全国ランキングで見ると、「沢」のつく名字は100位以内にひとつもランクインしていません。石を投げれば当たるかもしれない、「○沢さん」についてご紹介します。

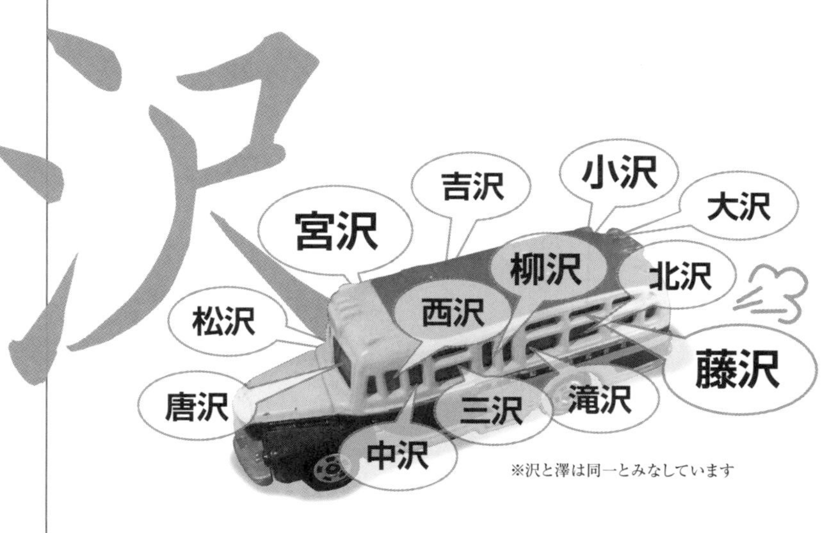

※沢と澤は同一とみなしています

「沢」のつく名字は例外もありますが、大きく3つに分類することができます。1つ目は東西南北や上中下など、方角や位置に由来しているもの。2つ目は神社に関係するから宮沢といったように、職業や施設に由来するもの。3つ目は柳沢や滝沢のように、自然に由来するもの。

ちなみに「西沢」「北沢」はいるのに「東沢」「南沢」は少ない理由は、日当たりの良い場所には田んぼや畑があり、民家は北や西に建っていたからだと推測しています。

1、方角や位置に由来するもの：西沢、北沢、中沢など
2、職業や施設に由来するもの：宮沢、寺沢など
3、自然に由来するもの：柳沢、滝沢、藤沢など

では「沢」にはどのような意味があるのでしょうか。漢字辞典によると、「沢」は「①草木の生えている湿地帯」「②山地斜面を刻み込んでいる小さな谷、またはそこを流れる川」を意味します。沢というと川や小川をイメージしますが、湿地帯や、河川の侵食によってできた谷の地形も表しているのです。

名字によってルーツはさまざまですが、山や川、谷の多い長野県では、自然と「沢（湿地帯や谷間）」に住む方も多かったのかもしれません。

幕末に信州・松代（現長野市）で生まれた**佐久間象山**（さくましょうざん/ぞうざん）。坂本龍馬や勝海舟、吉田松陰などの先生であり、常に先進的なアイディアを実現しようとしてきた信州を代表する偉人です。

教科書では「しょうざん」と表記されていますが、長野県民の中には「ぞうざん」と習った方も多いのではないでしょうか？長野県歌『信濃の国』にも「象山（ぞうざん）佐久間先生」と歌われています。

「しょうざん」なのか「ぞうざん」なのか。そのヒントは佐久間象山のルーツ、松代にありました。

松代城趾

佐久間象山とは？

佐久間象山は、江戸後期の1811（文化8）年に松代藩士・佐久間一学国善の長男として生まれます。23歳で上京し、朱子学や蘭学を修めました。象山が1850（嘉永3）年に開き、砲術や西洋学を講じた「五月塾」からは、勝海舟や吉田松陰、坂本龍馬などを輩出しています。開国派だった象山は1864（元治元）年に上洛した際、尊皇攘夷派によって暗殺されました。享年54でした。

象山は幼名を啓之助といい、大人になって啓と名乗っています。**象山は26歳の時につけた雅号**。雅号とは芸術家や作家などが本名とは別につけるペンネームのようなものです。

佐久間象山の由来は松代にあるお寺の山号

ところで松代には現在**「象山」と呼ばれる山**があります。佐久間象山の生家からも近いので、てっきり山名をとって付けたお名前なのだと思っていました。しかしこの山は当時、古城があったために「城山（じょうやま）」とか、竹林が生い茂っていたために「竹山（たけやま）」などと呼ばれていたそうです。

佐久間象山の由来になったのは、江戸中期の1677（延宝5）年に開山した「象山恵明寺（ぞうざんえみょうじ）」というお寺。寺名は、開山した中国出身の木庵（もくあん）禅師ゆかりのお寺にちなんでいます。木庵禅師が中国で最後に主僧侶を務めていたのが、泉州にある象山恵明寺だったのです。つまり象山という山は中国にあり、松代の山とは何の関係もありませんでした。

しかしいつの間にか恵明寺裏の山が「象山（ぞうざん）」と呼ばれるようになりました。これは佐久間象山のとある勘違いが原因だったようです。

佐久間象山の勘違いから山の名前が変わった！

佐久間象山は恵明寺にあった古い額に「象山」とあるのを見て、恵明寺の裏にある山が古くは「象山」と呼ばれていたと考えたようです。地元の人には忘れられてしまっているために自分がペンネームとして借用したと、ある手紙に記しています。けれど先述したように、恵明寺裏の山は「城山」もしくは「竹山」と呼ばれており、象山（ぞうざん）と呼ばれた歴史はありません。

山号は寺院の建てられた山の名前を冠するものだったため、この勘違いは仕方ない部分もあるでしょう。さらに恵明寺裏の山は尾根が長く、象の鼻のように見えることから、象山と名前がつけられたことに矛盾はありませんでした。こうして佐久間象山の勘違いにより、元々はなかった山名が土地の人々にも定着していくこととなったのです。

ぞうざんか、しょうざんか

さて最後に今回のメインテーマ、象山の読み方について考えていきましょう。実は**佐久間象山の読み方が本当のところ「しょうざん」と「ぞうざん」どちらなのか、まだ決着がついていません**。象山が生きている頃からすでに、どちらも混在していたようなのです。

「ぞうざん」派は、象山が恵明寺の山号である「象山（ぞうざん）」から雅号をとったのだから、自身の読み方も「ぞうざん」であるという主張。対して「しょうざん」派もいくつかの根拠を示していま

佐久間象山の像（象山神社）

す。門弟が、先生は自身のことを「しょうざん」と言っていたと証言していたり、松代にある本誓寺（ほんせいじ）には、佐久間象山が自身の読み方を「しょうざん」であると記したペン書も残っていたりします。

本人が書いているのだから「しょうざん」が正しい呼び方に思われますが、象山自身がわざわざ読み方を記したところからも、当時から誤った呼び方をされていたことがうかがえますね。個人的には「しょうざん」に一票入れたい気持ちですが、長野県民が親しみを持って「ぞうざん先生」と呼ぶ文化も大切にしたいです。

信州さーもんのつぶやき

象山神社の「ちえもち」学力アップ?!

松代にある佐久間象山を御祭神とした象山（ぞうざん）神社。境内では「ちえもち」が売られていて、学問にご利益があるんだよ。あんこを米粉のお餅で包み、砂糖をまぶしたシンプルな和菓子。食べれば象山先生の知恵にあやかれるかも！

高遠 たかとお

遠い会津で郷土食になった「高遠そば」のヒミツ

高遠そば(たかとお)といえば長野県伊那市の東部にある旧高遠町が思い浮かびますが、福島県会津地方にも同じく「高遠そば」があるのをご存知ですか？「たかとお」というお名前は珍しいし、偶然ではなさそうですね。ではなぜ遠く離れた会津に同じお名前の郷土食が存在しているのでしょうか。これには高遠藩主と会津藩主を務めた**保科正之**(ほしなまさゆき)が深く関わっているのです。

保科正之は徳川2代将軍秀忠の四男、つまり徳川家康の孫にあたります。母は秀忠の乳母の侍女でお静といいました。秀忠の正室・お江の方が嫉妬深く側室を認めなかったため、正之は匿(かくま)われて育てられることになります。7歳で信州高遠城主保科正光の養子になり、21歳で高遠3万石、26歳で出羽国山形20万石、33歳の時に会津23万石の城主となりました。

会津藩主になった正之は、新しい発想をもって会津の国づくりに取り組みます。年貢の軽減に加え「90歳以上の人には1日あたり3合の米を支給する」という、世界で初めての年金

徳川家康の孫「保科正之」

制度をつくりました。また国の発展には教育が大切だと考えた正之は、武士や庶民などの区別なく勉強ができる「稽古堂」という学校をつくり、優秀な人材を多く輩出した会津藩学校「日新館（にっしんかん）」の基礎になりました。

蕎麦好きな正之が広めた「高遠そば」

高遠そば

そんな正之は無類の蕎麦好きとしても知られ、山形藩や会津藩へ移る際にも蕎麦職人を連れて行き、各地で蕎麦を広めたといわれています。会津藩や日本のために尽力した正之の人望は厚く、**会津で広まった蕎麦は、正之が元は高遠藩主であったことに由来して「高遠そば」と呼ばれました。**

一方の高遠では「蕎麦は家庭料理」であり、郷土食としては根付いているものの蕎麦屋は少なく、名前も付けられていませんでした。平成初期、会津地方に根付いた「高遠そば」を地域活性化に役立てようと、発祥地である高遠町にお名前が逆輸入されたことで、高遠町のお蕎麦屋さんでも「高遠そば」が食べられるようになったということです。

「高遠そば」の食べ方いろいろ

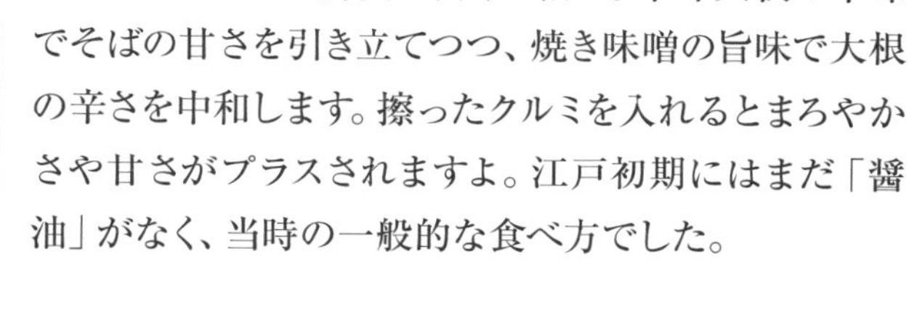

高遠そばは、**辛味大根の搾り汁と焼き味噌をそば汁にする「からつゆ」スタイル。**お蕎麦は白くて細め。辛味大根の辛味でそばの甘さを引き立てつつ、焼き味噌の旨味で大根の辛さを中和します。擦ったクルミを入れるとまろやかさや甘さがプラスされますよ。江戸初期にはまだ「醤油」がなく、当時の一般的な食べ方でした。

ちなみに江戸時代の風情を残す福島県下郷町の宿場町「大内宿」では、高遠そばにネギを1本丸ごと添えた「ねぎそば」も有名。大内宿では婚礼の際にねぎそばを食べていたことから、観光用の名物として提供されるようになりました。ネギを箸のように使ってお蕎麦と一緒にかじりながら食べる独特のスタイルは、そのインパクトもあって観光客に人気のメニューです。

福島大内宿のねぎそば

戸隠神社 中社

戸隠神社（とがくし）

長野市（旧戸隠村）の**戸隠神社**は宝光社（ほうこうしゃ）、火之御子社（ひのみこしゃ）、中社（ちゅうしゃ）、奥社（おくしゃ）、九頭龍社（くずりゅうしゃ）の五社からなります。平安期からは「戸隠寺」、室町期には「戸隠山顕光寺（とがくしやまけんこうじ）」という名前で呼ばれていました。

戸隠という地名には2つの説があり、有名なのは日本神話の**『天岩戸伝説（あまのいわと）』にまつわるもの**。太陽を司る女神「天照大神（あまてらすおおみかみ）」が天岩戸の奥に引きこもり入り口を大岩でふさぐと、太陽が隠れて世の中は真っ暗闇に包まれてしまいます。困った神々が作戦を立てて岩戸を開かせることに成功し、2度と引きこもりが起きないように岩戸を隠した場所が「戸隠」になったのだそう。もしくは高天原から落ちてきた岩戸が戸隠山になったというお話もあります。

戸隠五社のうち四社の御祭神はそれぞれ伝説に登場する神さまが祀られています。奥社には岩戸を開いた「天手力雄命（あめのたぢからおのみこと）」、中社には作戦を立てた「天八意思兼命（あめのやごころおもいかねのみこと）」、火之御子社には岩戸の前で舞を披露した「天鈿女命（あめのうずめのみこと）」、宝光社には中社御祭神の御子神（子どもの神さま）の「天表春命（あめのうわはるのみこと）」が祀られています。

またもう一説には山で暮らす修験者の「学問行者（がくもんぎょうじゃ）」が先住していた「九頭龍神」を岩戸で封じて戸隠寺を開山したことから、山の名前も戸隠山になったという話もあります。

善光寺（ぜんこうじ）

長野市の**善光寺**は約1,400年の歴史を持つ日本屈指の古刹です。日本に宗派ができる前にできたお寺なので、お寺自体に宗派はありません。

写真提供：善光寺

『善光寺御縁起』によると、善光寺を創建した**本田善光**（ほんだよしみつ）公のお名前にちなんで名付けられたのだそう。中国を経てインドから日本に渡ってきた阿弥陀如来像（善光寺の御本尊）は、仏教反対派により大阪の難波にある池に捨てられてしまいました。そこを偶然通りかかった善光公は、池の底に何やら光るものを見つけます。すると池の中から仏が飛び出して、善光公の背中に移りました。仏像を現在の飯田市にある家まで運び、そこで大切に安置します。その後お告げによって現在の地まで移され、それが善光寺になったそうです。

武水別神社

武水別神社（たけみずわけ）

姨捨の棚田の麓にある武水別神社は、古くから善光寺平の五穀豊穣や千曲川の氾濫防止を祈ってまつられてきたといわれる由緒ある神社です。御祭神は武水別大神（たけみずわけのおおかみ）。「武」は勇猛な強い神様を意味します。「水別」は水の分配をつかさどるという意味があり、農業の神様であり、千曲川の氾濫を抑えるという意味も持ちます。現在では交通安全の神社としても有名です。

境内の「御茶屋うづらや」では名物のうづらもちが販売されており、お茶とセットでいただくことができます。甘さ控えめのこし餡をやわらかいお餅で細長く手包みした和菓子は、お土産にもピッタリ！ なぜ「うづらもち」なのかというと、千曲川のほとりに群生していたうずらの姿が本殿の外観に2羽ずつ描かれていることから、縁が深いとされているためだそうです。

新海三社神社

新海三社神社（しんかいさんしゃ）

佐久市の**新海三社神社**は建御名方命（たけみなかたのかみ）（諏訪神）の御子神（子どもの神様）である興波岐命（おきはぎのみこと）をご祭神としています。

三社神社の「三社」は、父である建御名方命、叔父である事代主命（ことしろぬしのかみ）を奉った**3つの神殿があることに由来**しています。別名は**佐久（開）神社**とも。

社名の「新海」は地名に由来しています。当地には諏訪神の御子神がこの地を開拓してくださったという信仰があり、「新開（にいさく）の神」「新開さま」と呼ばれていました。佐久市に多い「新海」という名字はもともと「新開（にいさく）」と読み、それが転じて「新開（しんかい）」→「新海」になったという説もあります。「海」という漢字へ転じたのは、当時あった湖が関係しているのでしょうか（62ページ参照）。「佐久」という地名もこの「新開（にいさく）（新しくひらいた場所）」からきているというのが有力です。

ちなみに境内に残る三重塔は、神社の宝庫であるとして破壊を免れています。1515（永正12）年に神宮寺の塔として建立されたと推定されています。神社の境内に現存する三重塔は、県内には大町市の若一王子（にゃくいちおうじ）神社と合わせて2基しかなく、大変貴重です。

生島足島神社（いくしまたるしま）

上田市の**生島足島神社**は、生島大神（いくしまのおおかみ）と足島大神（たるしまのおおかみ）の二柱を御祭神とする長野県内屈指の古社で、日本遺産の構成文化財

生島足島神社

のひとつです。夏至に東鳥居の真ん中より太陽が昇り冬至には西鳥居の真ん中に沈む光景は、撮影ポイントとしても人気！真っ赤な社殿や鳥居が目を惹きます。

社名は御祭神の名前に由来しており、生島大神は万物に生命力を与え、足島大神は万物を満ち足らしめるといわれています。国を産んだ伊佐那岐（いざなぎのみこと）と伊邪那美神（いざなみのみこと）の御子神（子どもの神様）だといわれています。

牛伏寺（ごふくじ）（うしふせでら）

松本市の**牛伏寺**は「うしふせでら」とも呼ばれ、世界三大美女のひとり楊貴妃（ようきひ）にちなんだ伝説があります。

楊貴妃に心を奪われ国を乱した玄宗皇帝。ついに楊貴妃は死刑となり、玄宗皇帝は追慕の日々を過ごしました。そんな時、玄宗皇帝は楊貴妃の菩提を弔うため、遠い日本の善光寺へ大般若経六〇〇巻を奉納しようと思いつきます。

牛伏寺

日本に着いた大般若経は、赤い牛と黒い牛に積まれて善光寺に向かいます。しかし長旅の疲れから二頭の牛は普賢院（現在の牛伏寺）のある鉢伏山のふもとで倒れてしまいました。

普賢院には聖徳太子が42歳の厄除けに刻んだといわれる十一面観世音菩薩像が安置されていました。これは十一面観世音菩薩の思し召しだと思った帝の使者たちは、楊貴妃の菩提を観音に託して経文を納め、二頭の牛を山麓に葬りました。

四柱（よはしら）神社

四柱神社

松本市の縄手通り沿いに鎮座する**四柱神社**。社名は天之御中主神（あめのみなかぬしのかみ）、高皇産霊神（たかみむすびのかみ）、神皇産霊神（かみむすびのかみ）、天照大神（あまてらすおおみかみ）の四柱を祀っていることに由来し、すべての願いごとが叶う「願いごとむすびの神」として知られています。

四柱神社は1872（明治5）年に設置された神道中教院（明治政府による神道国教化のための施設）が前身となっています。院内には四柱が祀られ、1879（明治12）年に新たに神社を起こすこととなり、四柱神社として松本城の総堀を埋め立てた現在の場所に移りました。毎年10月に行われる例大祭は「神道祭」と呼ばれ、「しんとう」「しんとうさん」として親しまれています。城下町で知られる縄手通りの真ん中に鎮座しており、観光客や修学旅行生なども多い人気のスポットです。

諏訪大社（すわたいしゃ）

全国に25,000社とさえ形容される諏訪神社の総本社として知られる**諏訪大社**。主祭神は建御名方神（たけみなかたのかみ）と、八坂刀売神（やさかとめのかみ）の二柱です。創建はおそらく1,500年〜2,000年前と考えられており、日本最古級の神社に数えられています。諏訪大社は諏訪湖をはさんで南に上社（かみしゃ）、北に下社（しもしゃ）があり、上社は前宮（まえみや）と本宮（ほんみや）、下社は春宮（はるみや）と秋宮（あきみや）と、四社に分かれています。

『古事記』によると、建御名方神が父親の神さまである大国主神（おおくにぬしのかみ）が提案した国譲りに反対したことから出雲から信濃国へ移ったとされています。建御名方神は「お諏訪さん」「諏

諏訪大社下社秋宮

訪大神」などと親しまれ、個性的な「諏訪信仰」による神事が残っています。

諏訪大社の社名は諏訪湖を囲む盆地の地名に由来していますが、その歴史は古く由来も諸説あり定かではありません。漢字も「洲羽」（古事記）、「須波」（日本書紀）、「諏方」（続日本書紀・延喜式・和名抄）、「諏波」（延喜式）などさまざまありましたが、1834（天保5年）に高島藩より「諏訪」と書く旨の指令が出たことで統一されました。

諏訪大社にゆかり?

おなまえスイッチ

アトムのマンホール

手塚という名字は全国で4番目に多いと言われる長野県ですが、アニメ創世記のレジェンド手塚治虫の先祖は、鎌倉時代に諏訪大社下社の神職・最高位「大祝(おおほうり)」を務めた手塚太郎光盛の兄と言われています。

大社通り・八幡坂高札場ひろば

2024(令和6)年2月に、そのご縁から、デザインマンホールとして秋宮版、春宮版のふたつが登場しました。

おんばしら館よいさ・あずまや前

秋宮の幣拝殿(へいはいでん)の前に立つアトムとお茶の水博士を描いた秋宮版は、大社通りの大鳥居そば高札場ひろばにあり、春宮を背景に空を飛ぶアトムの春宮版は、春宮の大鳥居からすぐそばにある、おんばしら館よいさのあずまや前にあります。

いずれもすでにめざといアトムファンが、撮影のために訪れており、万治の石仏とともに聖地的な意味合いをもたらす日も近いかもしれません。

まじか

春宮のそばにある、
岡本太郎もリスペクトした万治の石仏

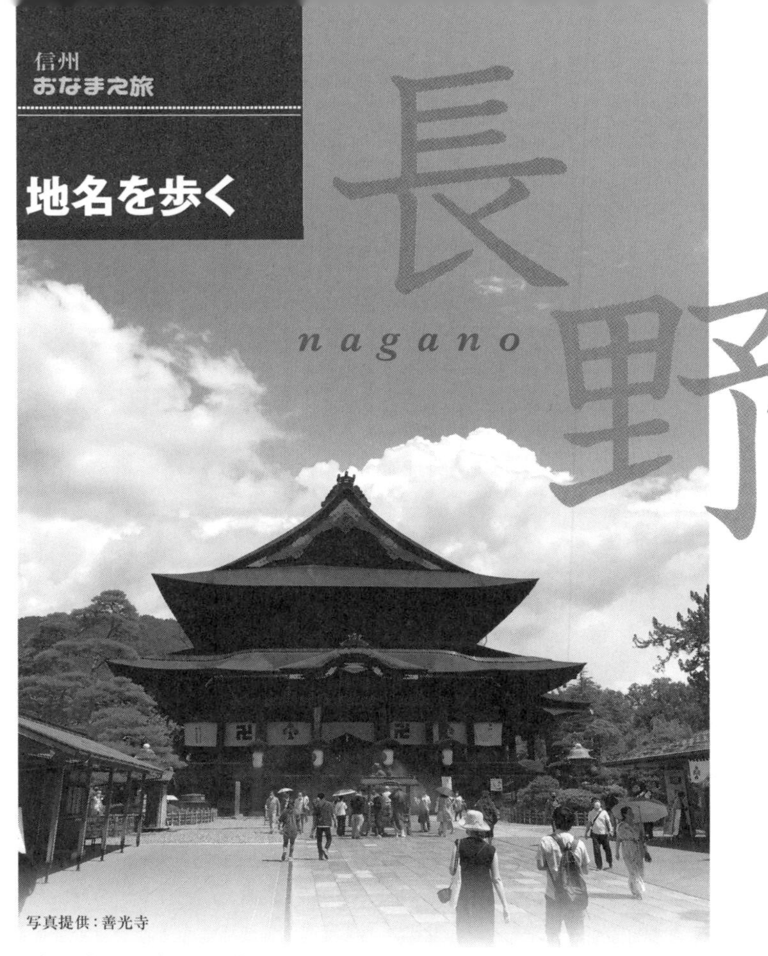

写真提供：善光寺

今も残る善光寺門前の“旧町名”

メディア運営という仕事柄、善光寺関連の取材は多く、ガイドツアーに参加したりツアーを主催したりすることもあります。

善光寺の取材を兼ねたガイドツアーに参加した際、「**善光寺には垣根がないんです**」と言われて驚きました。本堂からあたりを見回してみると、確かに塀や垣根らしきものは見当たりません。「**宗派や老若男女の垣根を超えた、開かれたお寺なんです**」と続き、静かに感動したことを覚えています。よく見ると観光客で賑わう中、犬の散歩や通勤・通学など、地元の方々の日常に溶け込んだ善光寺の美しい姿がありました。

善光寺の創建は奈良時代以前だといわれており、特定の宗派に属さない無宗派の寺院として知られています。女人禁制や身分差別の文化の中でも、性別や年齢、身分に関係なく無差別平等な救済を説き続け、現在でも毎年多くの参拝客が訪れる日本有数の名刹です。

そんな善光寺周辺エリアは「**門前町**」といわれ、善光寺に由来した地名や旧町名がたくさん残っています。大門町（だいもんちょう）、西町（にしまち）、東町（ひがしまち）、横町（よこまち）、東之門町（ひがしのもんちょう）、北之門町（きたのもんちょう）（現在の新町・伊勢町）、岩石町（がんせきちょう）（がんぜきちょう）、後町（ごちょう）、桜小路（さくらこうじ）（現在の桜枝町）はとりわけ中心地とされ、「**善光寺八町**」と呼ばれました。

今回は善光寺周辺の地名と由来をいくつかピックアップしてご紹介します。

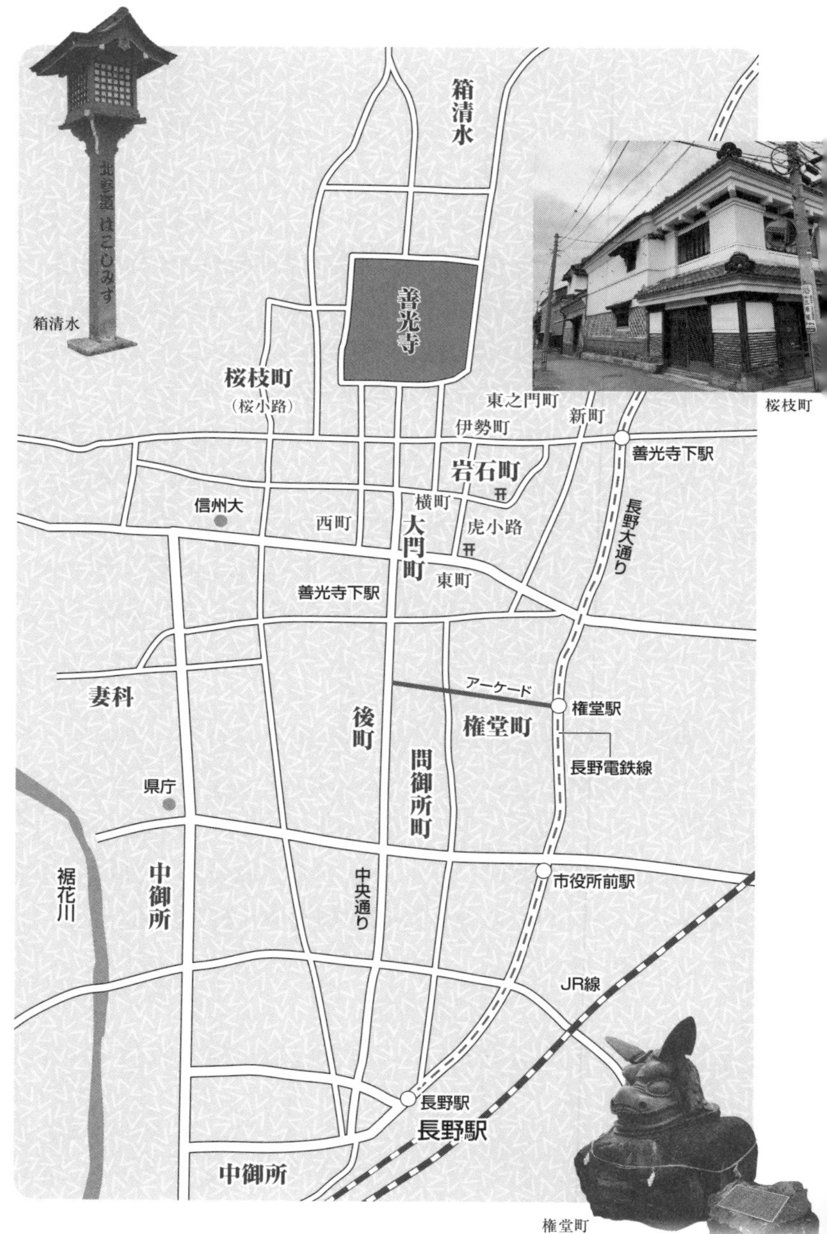
北参道 はこしみず
箱清水
善光寺
桜枝町
(桜小路)
東之門町
新町
伊勢町
善光寺下駅
岩石町
信州大
横町
西町
大門町
虎小路
長野大通り
東町
善光寺下駅
アーケード
妻科
権堂駅
後町
権堂町
問御所町
長野電鉄線
県庁
裾花川
中御所
中央通り
市役所前駅
JR線
長野駅
長野駅
中御所
箱清水

桜枝町

権堂町

大門町 ［だいもんちょう］

善光寺のすぐ南に位置する**大門町**は、門前町の中心をなした町。**大門とは寺院の大きな門を意味し**、塩尻市や長和町、飯田市などにも同様の地名がみられます。北国街道「善光寺宿」の本陣があり、現在もレストランや宴会場に利用できる「THE FUJIYA GOHONJIN（藤屋御本陣）」として営業しています。お食事のあとにモダンクラシックなラウンジでティータイムが楽しめるのも魅力。

大門町

権堂町 ［ごんどうちょう］

善光寺の南東に位置する**権堂**。権堂の由来は権化（＝仮の姿）ともいうように、「**仮のお堂**」を意味しています。善光寺のような古い神社仏閣には、火災がつきものでした。**『長野県町**

村誌**』によると、1642（寛永19）年の長野村大火災の際、善光寺如来堂や境内の諸堂が焼亡したので、再建された1650（慶安3）年までの間、村にある往生院を仮堂とし、村の名前を「**権堂村**」と改めたそうです。

権堂町

後町 ［ごちょう］

善光寺の南方、大門町の南に続く**後町**。元々は「**後庁**（ごちょう）」であり、鎌倉期に後庁の置かれた場所であったことに由来するといわれています。後庁は**国衙**（こくが）とも呼ばれ、今でいう役所やその支所のようなもの。「五町」や「郷長」の記述も見られその後「後町」に統一されています。

中御所 ［なかごしょ］

長野駅の南西部、裾花川の東岸に南北にのびる**中御所**。「御所」は天皇や将軍など位の高い人々に関連した施設を表すことがあり、古くは「**なかのごしょ**」と読みました。中御所には今でも「御所」という地名が残り、室町初期に建てられた小笠原氏の信濃守護館があったといわれています。地名の由来は、後町にあった国衙に対し、**中の御所**といったことにちなんだのだそう。

同じく「御所」のつく地名に「**問御所**」があります。善光寺の南方に位置し、権堂の南側に隣接する問御所。江戸初期の文献には「**豊御所**（とよごしょ）」とあり、その後「問御所」に変化しています。両町には、「1197（建久8）年に源頼朝が善光寺を参詣した際、泊まった場所だから御所と呼ばれた」という伝説も残っています。

桜枝町

桜小路 ［さくらこうじ］

善光寺仁王門の北側から東西にのびる**桜小路**。平安期からあった地名と推定されていますが、1874（明治7）年に改称され、現在は「**桜枝町**（さくらえちょう）」となっています。室町期には善光寺門前の**花街**だった場所。江戸時代にまとめられた『善光寺四十九名所』における「**七小路**」のひとつで、ほかに法然（ほうねん）小路、虎小路、桜小路、羅漢（らかん）小路、上堀（かんぼり）小路、下堀（しもぼり）小路があります。

岩石町 ［がんせきちょう/がんぜきちょう］

善光寺の南東に位置し、伊勢町と新町の境に出る**岩石町**。独特な地名の由来は、日本三大仇討ちのひとつ『曾我兄弟の

虎ヶ塚

仇討ち』の登場人物である「**虎御前**（とらごぜん）」にちなんでいます。岩石町には虎御前にまつわるスポットがたくさんあり、そのひとつである「**虎御前石（虎ヶ塚）**」が町名の由来なのだとか。

武井神社の西傍から続くクネクネと曲がりくねった細い道は「虎小路」と呼ばれ、「**善光寺七小路**」のひとつ。道の一角には「**虎御前石**（**虎ヶ塚**）」があり、こちらは「**善光寺七塚**」のひとつに数えられています。虎ヶ塚は虎御前の墓であるとか曾我祐成の墓として建てたとか、もしくは曽我兄弟や虎御前の遺品が収められているとか諸説あるようです。ほかにも虎御前が供養のために住んでいた「**虎石庵**」や「**善光寺七橋**」のひとつ「**虎が橋**（現在は石看板のみ）」などがあります。

山門から（写真提供；善光寺）

善光寺と虎御前

『曾我兄弟の仇討ち』は鎌倉時代初期、源頼朝が行った富士の巻狩りで、兄の**曾我祐成**（そがすけなり）と弟の**曾我時致**（そがときむね）の兄弟が父親の仇だった**工藤祐経**（くどうすけつね）を討った事件。兄弟は仇討ちに成功するものの、兄は22歳、弟は20歳の若さでこの世を去ってしまいます。虎御前は曾我祐成の妾であり、出家して箱根や熊野などを巡った後に善光寺を参拝し、2人の遺骨を奉納したと伝えられています。

箱清水 ［はこしみず］

湯福神社

善光寺の北側に広がり、大峰山麓に位置する**箱清水**。山麓には湧水が多くあり、そのひとつが**箱池**（もしくは箱清水）と呼ばれたことに由来しています。**『善光寺四十九名所』**における「**七清水**」のひとつ。現地の案内看板によると、長野市に上水道ができるまで、善光寺周辺からわざわざ箱清水の湧水を汲みに来る人が後を絶たなかったのだそう。

妻科 ［つましな］

善光寺より南西、妻科神社の鎮座する**妻科**。「**つま**」は隈、「**しな**」は段丘を意味し、河岸段丘の地形に由来する地名であると考えられます。「**つまなし**」と呼ばれていた時代もあり、妻科大明神が独身であったことに由来するという説もあります。おそらく「**妻成**（つまなし）」とも書かれたことによるもの。妻科神社

妻科神社

前の橋は「**一人寝の橋**」といい、婚礼の際に通行するのがはばかられたことも。ちなみに妻科神社は諏訪大社の県内最古の分社であり、御祭神は建御名方神（たけみなかたのかみ）（諏訪大明神）の御妃神（妻）・八坂刀売命（やさかとめのかみ）。妻はちゃんといるようです。

善光寺平用水を見に行こう!

善光寺門前を歩いていると、至るところに水が流れていることに気がつきます。

善光寺平用水は、長野市の西側を流れる裾花川から取水する人工の用水。農林水産省の疏水百選にも選定されています。等高線に沿う形で市街地を西から東に横断しており、私たちが身近に感じられる農業資産のひとつです。

疏水の引かれた時期ははっきりと分かっていませんが、鎌倉時代の古文書にも描かれていることから、鎌倉時代以前には現在の市街地を流れる疏水があったといわれています。

善光寺平用水のすぐ近くには「大口分水工」があります。分水工とは、文字通り用水を分岐させるための施設。その形はさまざまですが、公平に水を分けるために高度な技術が必要とされます。善光寺平用水はここで「八幡堰（はちまんぜき）」「山王堰（さんのうぜき）」「漆田川（うるしだがわ）」の3つに分水されます。

信州
おなまえ旅

地名を探る

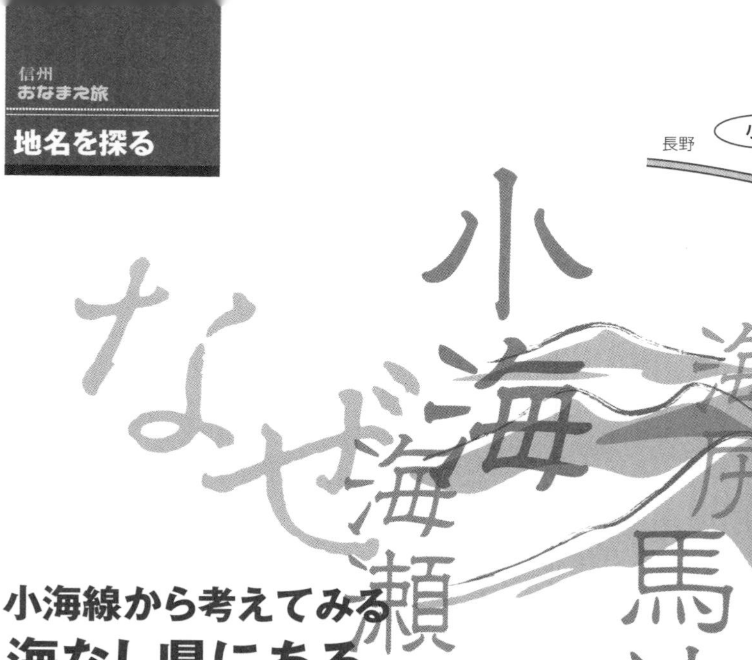

小海線から考えてみる
海なし県にある
「海」にまつわるお名前

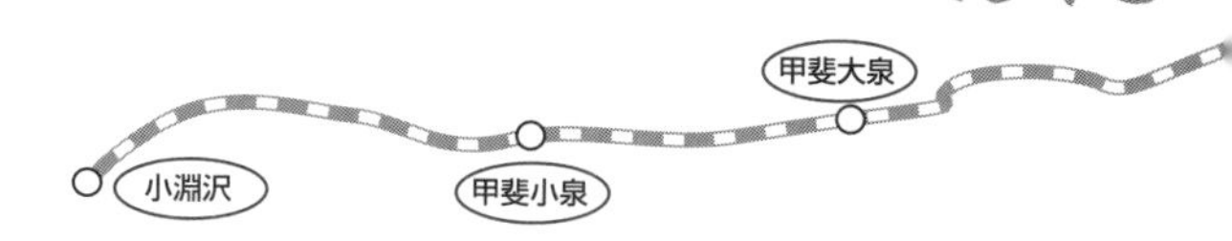

日本で一番海から遠い駅・**海瀬**（かいぜ）**駅**を有するにもかかわらず、海にちなんだ駅名の多い不思議な小海線。山梨県の小淵沢駅と長野県の小諸駅の間78.9キロメートルを31駅で結びます。途中の野辺山駅は標高1,345.67メートルとJR駅としては日本一高い場所にあり、起点となる小諸駅（663.0メートル）とは683メートル近い高低差のある高原鉄道です。

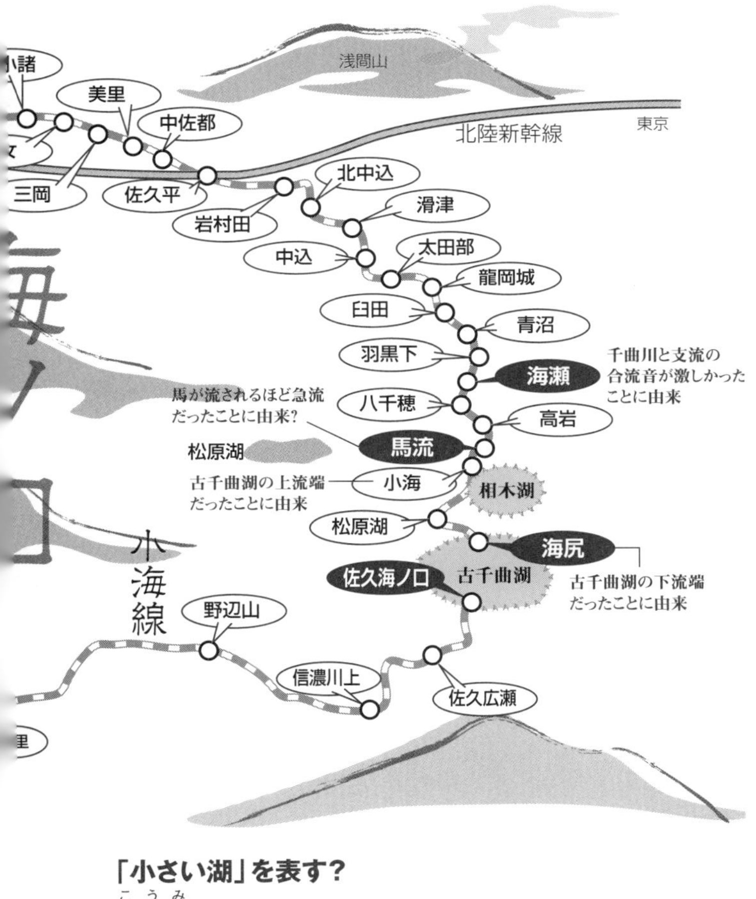

「小さい湖」を表す?

小海

小海は、千曲川の支流である相木川が堰き止められてできた湖に由来しています。長野県歌で"諏訪の湖には魚多し"と謳われるように、昔は湖も海も分け隔てなく**うみ**と呼ばれていました。今はなき湖が生まれたのは、今から約1,200年前の平安時代。

887（仁和3）年に起きた大地震により山崩れが起き、その土砂が千曲川を堰き止めて大きな湖ができました。この湖を**古千曲湖**（こちくまこ）と呼びます。同じ時に相木川も堰き止められ、相木の入り口までできた湖が小海の由来になった**相木湖**です。

さらに翌年の888（仁和4）年、梅雨の時期に堰き止め湖が何度かにわたって決壊します。大地震の次に豪雨だなんて、踏んだり蹴ったりな時代ですね。被害は善光寺平にまで及んだといいますが、古千曲湖は小さくなったものの存続しました。古千曲湖は1011（寛弘8）年に決壊・消滅しましたが、相木湖は鎌倉時代中期（1300年頃）まで存在していたようです。2つあった湖を比べて小さかった相木湖を小海と呼んだといわれています。

千曲川の激しさを物語る地名？

海ノ口（うみのくち）と海尻（うみじり）

南牧村の海ノ口と海尻は戦国時代には存在していた地名です。古千曲湖の上流端を海ノ口、下流端を海尻と呼んだことに由来します。ちなみに佐久海ノ口駅に佐久が付いているのは、JR大糸線の海ノ口駅（大町市）が一足先に開業していたため。こちらは木崎湖の上流端にあり、同じような由来でつけられたお名前であることがうかがえます。

湖の大きさを今に残す

馬流（まながし）

小海駅のお隣にある馬流駅も変わったお名前。相木川の千曲川合流地点下流に位置し、急流部であることに由来していると考えられています。「馬流」は「馬が流れてしまうほど流れの速い場所」を意味しているという説があります。

小海線（野辺山駅）

日本で一番海岸線から遠い駅

海瀬（かいぜ）

海瀬駅のある佐久穂町は、海瀬村と栄村が合併してできた佐久町が前身です。海瀬村は千曲川と、その支流である余地川・抜井川との合流地点にあたります。「瀬」は流れが激しい場所を意味する言葉、川の合流音が激しかったことが海瀬の由来だと推測されます。

小海周辺に多い「海」にまつわる名字

小海町に住む人々の名字についてまず思い浮かぶのは『君の名は。』や『秒速５センチメートル』などで有名な小海町出身の**新海誠**(しんかい)監督。本名は**新津誠**(にいつ)さんですが、「**新海**」も「**新津**」も佐久をルーツとする名字です。

新海(しんかい)

新海は特に小海町に多く、そのほか愛知県や山梨県でも見られます。全国的に新海の読み方は「あらみ」「にいみ」「しんうみ」などバラエティに富んでいますが、佐久では「しんかい」と読み、**新開地（開拓地）**に住む人々という意味だといわれています。

新津(にいつ)

長野県と山梨県に多く見られる名字「**新津**」。詳細は分かりませんが、「津」は船着場を意味するため湖に関連していると推測できます。佐久では今でも新津さんが多く、新津一族は権力者として知られています。

発祥の地を探る

ぴんぴんころり

「おばすて」は昔の話。現代は「ぴんぴんころり」の時代です。この言葉はいつの間にかひとり歩きして、健康の代名詞のようになってしまいましたが、そもそも1980（昭和55）年、長野県下伊那郡高森町で、北沢豊治さんが健康長寿体操を考案。1983（昭和58）年、日本体育学会に「ピンピンコロリ（PPK）運動について」と題し発表したのが始まりだと言われています。

全国ですっかり長寿県になった長野県。2003（平成15）年には予防医学発祥の地・佐久市に「ぴんころ地蔵」が誕生しています。

猫つぐら

もともとは新潟県関川村が発祥と言われている猫ちぐら。いまでは「猫つぐら」として、全国の山間の村で作られるようになりました。特に豪雪地帯として有名な信州栄村で作られる「栄村つぐら」は長野県の伝統工芸品に指定されています。稲藁で篭状に編む猫つぐらは、保温性にすぐれ、狭くて暗いところを好む猫たちにとって、快適なベッド。見た目も愛らしいので、全国の愛猫家から注文が寄せられていますが、作り手が少なくなったのがそれぞれの製作地の悩みでもあるようです。

また、つぐらにはぼぼ（赤ちゃん）つぐら、飯つぐら、大根つぐらなど、用途に応じていろいろな種類があるようです。

一度は訪れたい信州の美しい観光スポットから、知っているとタメになるかもしれないお名前雑学をご紹介します。お名前に興味を持ったなら、ぜひ実際に足を運んでみてくださいね。

女神の山を通る観光道路
ビーナスライン

長野県の代表的な高原観光ルート「**ビーナスライン**」。有料道路だった開通当時より絶大な人気を誇ってきた観光道路で、蓼科高原、白樺高原、霧ヶ峰高原、美ヶ原高原などに通じています。2002（平成14）年から無料開放され、現在でもドライブやツーリングのできる観光スポットとして人気を集めています。

ビーナスラインの名前は1986（昭和61）年、公募によって決

標高2000mのビーナスライン

定しました。沿道にそびゆる蓼科山(たてしなやま)が女神に例えられるところに由来しています。命名者によると、美ヶ原の「美」にも通じるところがあるとのこと。

寝覚の床

100年の夢から覚めた場所

寝覚の床(ねざめのとこ)

上松町の奇勝「**寝覚の床**(ねざめのとこ)」。木曽八景のひとつで、国指定の名勝にも選ばれています。木曽川からニョキニョキと生えているように見える奇岩たちは、約7,000万年前に花崗岩の岩盤が木曽川の急流に侵食された結果できたもの。

岩盤の上には浦島太郎伝説で知られる「浦島堂」が立ち、河岸には臨川寺があります。伝説によると竜宮城から帰った浦島太郎は近くに知り合いも見当たらず、旅に出ることにしました。旅の途中、木曽の景色がまるで竜宮城の景色のように美しかったことで懐かしくなり、乙姫にもらった玉手箱を開けてしまうのです。すると浦島太郎はすっかり老いぼれたヨボヨボのおじいさんになってしまいました。まるで今までのことが「夢」のようであったように思われたことから、夢から覚めたこの場所を**寝覚の床**と呼ぶようになったということです。

日当たりが悪い場所を意味する

阿寺渓谷（あてらけいこく）

阿寺渓谷

「死ぬまでに見たい絶景」「阿寺ブルー」と称されるほど美しい大桑村の**阿寺渓谷**（あてらけいこく）。木曽川に流れる阿寺川（あでらがわ）に沿って美しい色の淵や滝、奇岩などの絶景スポットが連なっています。ちなみに阿寺渓谷は濁らず「あてら」、阿寺川は濁って「あでら」と読みます。柳田國男著『地名の研究』によると「あてら」の「あて」とは「陰地」つまり日当たりの悪い場所を指し、「ら」は名詞を確定する意味を持つのだそう。

狐や狸が化けた姿を映し見たという狐ヶ淵・狸ヶ淵や連れて来た犬があまりの絶壁に引き返したという犬帰りの淵など、随所に絶景ポイントが見られます。夏のハイシーズンには車両進入規制が行われるため、徒歩のほかはEバイクをレンタルして楽しむのがおすすめ。

畳が千枚敷けるほどの広さ！

千畳敷カール（せんじょうじき）

千畳敷カールは駒ヶ根市と宮田村にまたがる氷河地形です。約2万年前の氷河期、千畳敷は1年中氷に覆われていました。氷が谷底へ流れ落ちることで、ゆっくりとU字型にカールした地形を作り出したのです。千畳敷は**畳を1000枚敷いたほどの広さがある**ことから名付けられています。

千畳敷カール

中央アルプスの宝剣岳直下に広がり、ロープウェイで気軽に上れることから人気の観光スポットでもあります。標高2,612メートルの山頂駅にはホテル千畳敷や2612Café & Restaurantがあり、宿泊や観光も楽しむことができます。

日本のチロルと評される伝統文化の里
下栗の里（しもぐりのさと）

飯田市の南部にある**遠山郷**（とおやまごう）は栄村の秋山郷（あきやまごう）や白馬村の青鬼集落（あおにしゅうらく）と並んで信州三大秘境に数えられています。そんな遠山郷のさらに山奥、標高800メートル～1,100メートルにポッカリ浮かんだように見えるのが**下栗の里**です。

下栗の里

山間にひらけた斜面に集落をつくり、多いときには300人ほどが生活をしていました。縄文時代から人が住んでいたと考えられ、現在も人々が生活しています。平家の落武者伝説も残る土地ですが、一説には鎌倉時代には南アルプスを越えて鎌倉武士が定住しており、その後は遠山氏の領地となったといわれています。

「下栗」の地名は崖や急斜面を表す「クラ」が転じて「クリ」となった説や、霜が降りる季節に栗が収穫できることから「霜栗」であったという説などがあるようです。

鬼に守られる集落

青鬼(あおに)集落

信州三大秘境の「青鬼」には江戸〜明治期に建てられた建

青鬼集落

築物が現存しており、重要伝統的建造物群保存地区に指定されています。「善鬼堂遺跡」や「馬場遺跡」といった縄文時代の遺跡も残っていることから、古くから人が住んでいた場所であったと推測されます。

伝説によると、その昔、隣の村に大変な悪事を働く鬼が現れたそうです。村人たちは力を合わせて鬼を大穴に閉じ込めましたが、しばらくすると大穴から鬼の姿が消えてしまいました。するとなぜかこの集落に鬼が現れ村のために尽力し、村人から「御善鬼様」と呼ばれて信仰されるようになったというお話。青鬼集落は鬼無里村（現長野市）を通って戸隠へと通じます。鬼無里にも古くから鬼の伝説が残っており、隣の村に現れた鬼も鬼無里の話を元にしているようです。悪者の鬼がいなくなった鬼無里と、良い鬼として現れた青鬼集落。隣り合った集落の伝説が地名として今に伝えられています。

集落の背後には青鬼神社があります。奥宮の創建は806（延暦25）年、ご神体は善鬼大明神（御善鬼様）です。前宮は968（康保5）年に現在の場所に建てられました。しかし1886（明治19）年の火災で全焼したため、1893（明治26）年に社殿が再建されているようです。

神の降臨した地

上高地（かみこうち）

松本市旧安曇村の景勝地「**上高地**（かみこうち）」。信濃川水系の梓川（あずさがわ）上流の焼岳・穂高岳などの高山に囲まれた小平地です。古くは安曇野市に鎮座する穂高神社の御祭神が穂高岳に降臨した神話から「神降地」、または奥宮が明神池にあることから「神垣内」「神河内」などと記されていました。天保年間（1831年～1845年）頃からは「上高地」と書かれることが多くなり、読み方は大正期まで「かみうち」もしくは「かみぐち」、その後「かみこうち」となっています。

盆地の中央には上高地温泉があり、江戸中期には開湯していたと見られています。明治初期に英国人宣教師にして日本近代登山の父と謳われるW・ウェストンが上高地を絶賛したことで世界中にその名が知られることとなりました。1915（大正4）年の焼岳大噴火によって梓川が堰き止められてできた湖は大正池と命名され、穂高連峰や焼岳を映す美しい水鏡となっています。

上高地河童橋

信州さーもんのつぶやき

上高地の河童橋と芥川龍之介

上高地の「河童橋」は、訪れた方なら一度は見たことがあるであろうランドマークです。橋の上からは穂高岳や梓川の美しい景色を望むことができます。河童橋は最初に架けられたのがいつなのか、実は分かっていません。最初は吊り上げ式でしたが、1910（明治43）年に現在のような木製の吊り橋になりました。今かかっている橋は、数えて5代目のもの。

河童橋という名前の由来には「その昔、ここに河童が住んでいそうな深い淵があった」とか「橋のなかった時代、衣類を頭にのせて川を渡った人々の姿が河童に似ていた」など諸説あるそうです。

架けられた時代も名前の由来も詳らかではないけれど、通年多くの観光客が行き交う不思議な「河童橋」。かの芥川龍之介も、そんな河童橋からインスピレーションを受けたのでしょうか。彼は1909（明治42）年8月に友人らと上高地を訪れ、槍ヶ岳に登っています（ということは、彼の見た「河童橋」は吊り上げ式だったのでしょうか）。その時の様子は『槍ヶ嶽紀行』や『槍が岳に登った記』で読むことができます。

三年前の夏のことです。僕は人並みにリユック・サックを背負ひ、あの上高地の温泉宿から穂高山へ登らうとしました。穂高山へ登るのには御承知の通り梓川を溯る外はありません。僕は前に穂高山は勿論、槍ヶ岳にも登つてゐましたから、朝霧の下りた梓川の谷を案内者もつれずに登つて行きました。

1927（昭和2）年に発表された小説『河童』の舞台は上高地。筆者がある精神病院の患者から聞いた話をまとめた体で始まっています。上高地から穂高岳に登ろうとした主人公は、朝霧の晴れない梓川を登っているうちに、とうとう心が折れて引き返すことに。するとそこ

へ主人公をもの珍しそうに眺める河童が現れました。

僕は、――僕も「しめた」と思ひましたから、いきなりそのあとへ追ひすがりました。するとそこには僕の知らない穴でもあいてゐたのでせう。僕は滑かな河童の背中にやつと指先がさはつたと思ふと、忽ち深い闇の中へまつ逆さまに転げ落ちました。が、我々人間の心はかう云ふ危機一髪の際にも途方もないことを考へるものです。僕は「あつ」と思ふ拍子に**あの上高地の温泉宿の側に「河童橋」と云ふ橋があるのを思ひ出しました。**それから、――それから先のことは覚えてゐません。僕は唯目の前に稲妻に似たものを感じたぎり、いつの間にか正気を失つてゐました。

捕まえようとしているうちに意識を失うと、大勢の河童に囲まれているではありませんか。主人公はまるでガリバー旅行記や千と千尋の神隠しのように、河童の世界に迷い込んでしまったのです。主人公は河童の言葉を学び、河童の常識や慣習に触れ、人間世界に戻ると……。

上高地を訪れたのは、当時17歳だった芥川龍之介。小説『河童』を書いたのは18年後、35歳の時でした。1927年3月号の総合雑誌『改造』誌上に発表しています。芥川は1927（昭和2）年1月に秘書を勤めていた平松麻素子と帝国ホテルで心中未遂事件を起こし、同年7月に服毒自殺。小説『河童』は芥川龍之介晩年の心象をよく表しているといわれ、河童たちを通して人間の矛盾や社会への批判を風刺しています。そんな作品に上高地や河童橋を登場させた理由とは、一体何なのでしょうか？若い頃に訪れた神秘的な場所を思い出し、何か考えるところがあったのかもしれません。

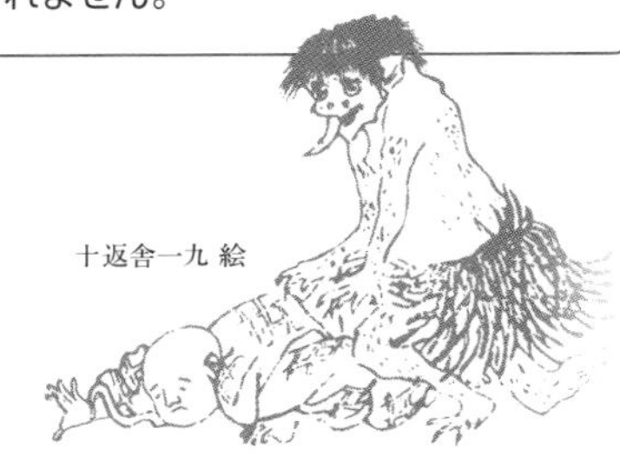

十返舎一九 絵

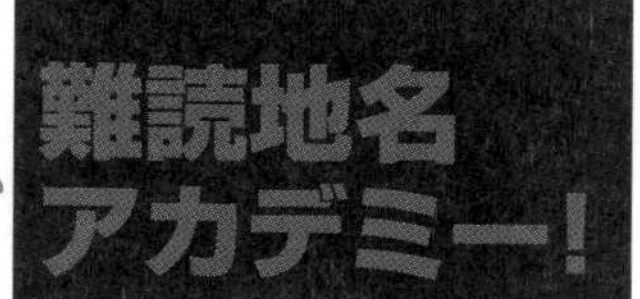

1

こんなにある長野県内の難読地名。さて、どこまで答えられますか？

1 加増【小諸市】
2 己【小諸市】
3 跡部【佐久市】
4 下越【佐久市】
5 中込【佐久市】
6 長土呂【佐久市】
7 三塚【佐久市】
8 大深山【川上村】
9 馬瀬口【御代田町】
10 国分【上田市】

11 古里【上田市】
12 長【上田市 真田町】
13 築地【上田市】
14 富士山【上田市】
15 鞍掛【東御市】
16 本海野【東御市】
17 長地【岡谷市】
18 成田町【岡谷市】
19 大和【諏訪市】
20 小和田【諏訪市】

21 覗石【諏訪市 豊田】
22 上(下)蔦木【富士見町 落合】
23 小六【富士見町 境】
24 御射山神戸【富士見町】
25 払沢【原村】
26 菖蒲沢【原村】
27 富県【伊那市】
28 西(東)春近【伊那市】
29 非持【伊那市 長谷】
30 火山【駒ケ根市 東伊那】

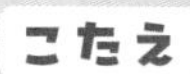

1	カマス	11	コサト	21	ノゾキイシ
2	キ	12	オサ	22	カミ（シモ）ツタキ
3	アトベ	13	ツイジ	23	コロク
4	シモゴエ	14	フジヤマ	24	ミサヤマゴウド
5	ナカゴミ	15	クラカケ	25	ハライザワ
6	ナガトロ	16	モトウンノ	26	ショウブザワ
7	ミチヅカ	17	オサチ	27	トミガタ
8	オオミヤマ	18	ナルタチョウ	28	ニシ（ヒガシ）ハルチカ
9	マセグチ	19	オワ	29	ヒジ
10	コクブ	20	コワタ	30	ヒヤマ

全国の鉄道むすめともリンクして
おなまえ旅を豊かにするキャラ！

長野県には人々の生活に欠かせない鉄道網が細かく整備されています。ここではそんなローカル鉄道を応援するキャラクター「鉄道むすめ」たちをご紹介します。

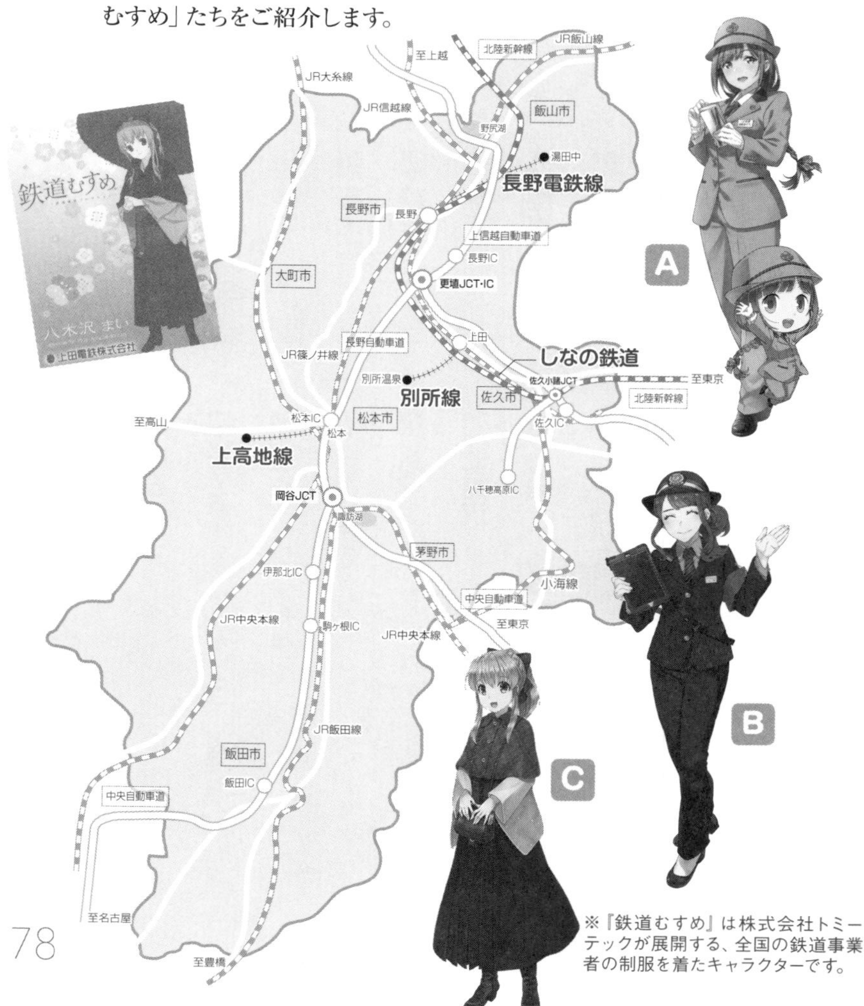

※『鉄道むすめ』は株式会社トミーテックが展開する、全国の鉄道事業者の制服を着たキャラクターです。

朝陽さくら 長野電鉄株式会社 A

長野電鉄株式会社鉄道事業部に所属する車掌さん。
名前の由来は、「朝陽駅」と北信五岳が見える「桜沢駅」から。
ラッピング車両で知名度もアップしています。

上田れむ しなの鉄道株式会社 B

上田駅と牟礼駅（むれの逆読みから）がお名前の由来。
千曲川ワインバレーの美しさに魅かれて駅員として入社。
観光快速列車SR1の客室添乗員も担当しています。

八木沢まい 上田電鉄株式会社/別所温泉駅駅長 C

上田電鉄別所温泉駅の駅長さん。
「八木沢駅」と「舞田駅」から名前が生まれました。
実家は八木沢旅館、真田幸村を尊敬しています。

各線オリジナル ご当地キャラクターも活躍中！

渕東なぎさ アルピコ交通・松本電鉄上高地線 D

氏名は同線の渕東（えんどう）駅と渚駅から採られています。
高校生の時にボランティアとして上高地線に関わり、鉄道の仕事に憧れを抱いたという設定です。

北条まどか 上田電鉄別所線 E

北条は別所線が走る塩田平の文化を醸成した北条氏の子孫という設定で、まどかは丸窓電車を円窓電車とも表記していたことから「円」の訓読みに由来します。

別所温泉駅

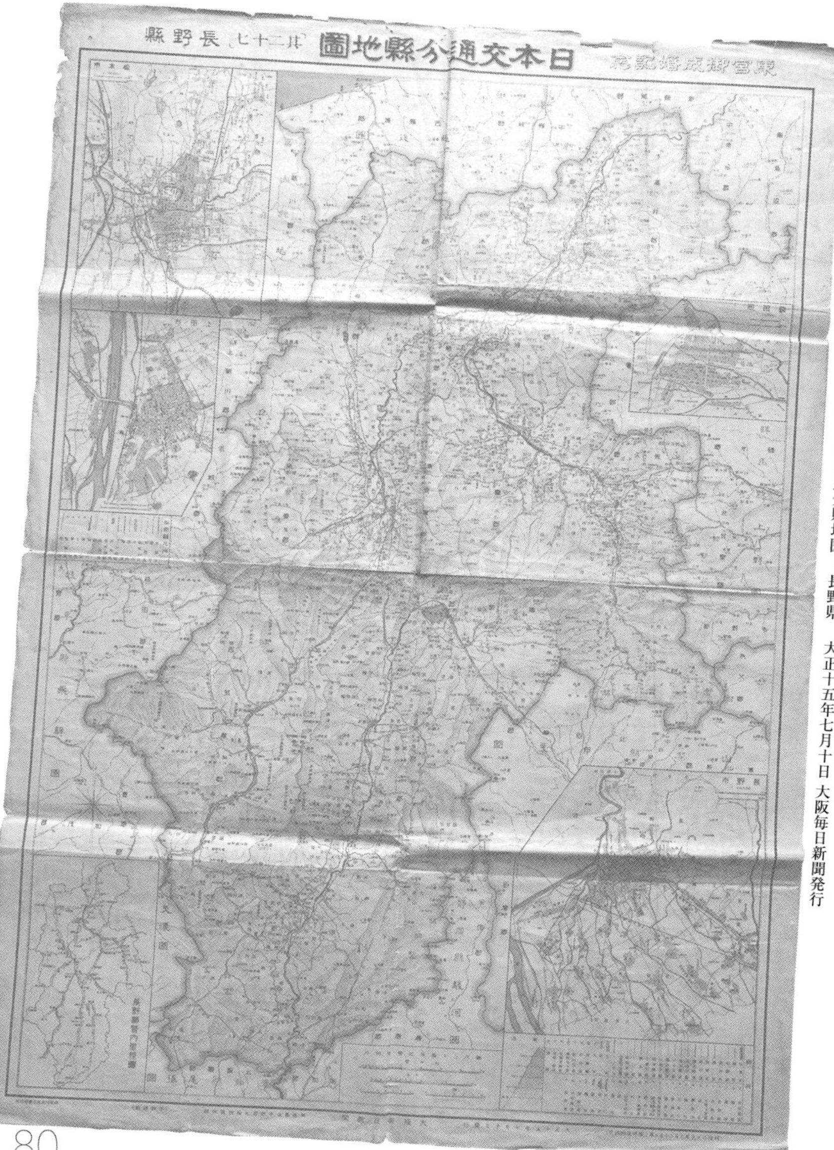

東宮御成婚記念　日本交通分県地図・長野県　大正十五年七月十日 大阪毎日新聞発行

意外と見過ごしていた旅路です

姨捨ではお婆さんが捨てられていたの?

数年前から、中秋の名月には「**姨捨**(おばすて)」で月見をするようになりました。暗闇の中で縫い目を沿うように棚田を歩いていると、鏡台山(きょうだいさん)から赤く大きな月が顔を出します。田んぼの畔に座り、頭を垂れ始めた稲穂が段々と照らされていく姿を眺めているとき、静かに秋の始まりを感じるのです。

わたしが姨捨に惹かれるのは、どこか侘しさがあり、その背景に物語があるから。古来より月の名所として知られ、西行(さいぎょう)や松尾芭蕉、小林一茶など数多くの文化人が訪れた姨捨。何十枚も連なる棚田に月が照らされる姿は「**田毎の月**(たごと)」と呼ばれ、今日でも多くの人々が月見に訪れます。

1999(平成11)年に数ある棚田の中で初めて国の名勝に指

定されました。またJR篠ノ井線の姨捨駅は日本三大車窓と名高く、姨捨の棚田はもちろん、眼下には善光寺平も広がります。2020（令和2）年には**月の都 千曲 ー姨捨の棚田がつくる摩訶不思議な月景色「田毎の月」ー**として日本遺産にも登録されました。

ところで「姨捨」とは一体何なのでしょうか？奇妙な名前の由来は何なのか、どのような経緯で月の名所になっていったのか。本当に姨捨におばあさんは捨てられていたのか。平安時代から今日に至るまで、さまざまな概念や変化を生んだ姨捨の歴史や由来を紹介します。

“おばすて”は「墓所」が転じた言葉？

「姨を捨てる」と書く奇妙な地名から「**昔はこの山にお婆さんが棄てられていた**」と思っている方も少なくありません。姨捨には現に、お婆さんを山に捨てる伝説がいくつか存在しています。しかし実際のところ、姨捨山に老人を捨てる風習はなかったようです。

姨捨は**墓所を意味する古語「をはつせ」が訛ってあて字された**という説が有力視されています。長野市篠ノ井にある地名の長谷（はせ）や長谷寺（はせでら）、長谷（はせ）神社も同じ由来です。

老人を捨てる話の元ネタは、仏教の『雑宝蔵経（ぞつほうぞうきょう）』というお経の中にある説話「**棄老国縁（きろうこくえん）**」です。仏教の教えをたとえ話にして分かりやすく大衆に語るためにつくられました。知恵と知識のある老人によって国が救われたので、お年寄りは大切にしましょうね、というお話です。善光寺にも近く仏教的価値観が浸透したこの地で、元々あった“おばすて”という不思議なお名前と重なり、そのまま信濃の伝説として語り継がれることとなったのかもしれません。

「棄老国縁」が元ネタになっていると思われる「うばすて山」は、TBS系列のTVアニメ「まんが日本昔ばなし」でも放映されました。姨捨といえば、このお話を思い浮かべる方も多いのではないでしょうか。

うばすて山

昔ある山奥に、六十歳以上のお年寄りは親であっても山へ捨てなければならない、というお触れがある所がありました。この村に一人の息子と年老いた母親のすむ家がありました。とうとう母親が60歳になり、泣く泣く息子が母親を背負って年寄りを捨てる山（うばすて山）へ登って行きました。

背負われながら母親は「息子が帰り道に迷わないように」と、道すがら木の枝を折って道しるべを作っていました。山奥に母親を降ろした息子は、フラフラともと来た道を帰り始めましたが、どうしても母親を置いて帰る事ができず、急いで引き返して母親をおぶって家に走り帰りました。

長楽寺からの棚田

母親を連れ帰った息子は、こっそりと家の床下に隠し部屋を作り、そこに母親を隠しました。そして、素知らぬ顔をして毎日を過ごしました。ところがある日、隣国が「灰で縄を編め、さもないと攻め込むぞ」と、難題をふっかけてきました。困った殿さまは国中におふれを出し、良い知恵がないかと問いました。

この話を聞いた母親は「固く編んだ縄を塩水につけて、乾いたら焼けばいい」とナイスアイディアを提示しました。息子は言われたとおりに灰縄を作り、お殿様へ持って行きました。これで助かったと喜んだお殿様は、沢山の褒美を息子に与えました。

しかし、隣国はまたまた難題をふっかけてきます。「七節の曲がった竹に糸を通してみよ」「叩かないでも鳴る太鼓を作れ」と、なんやかんや難題を出しましたが、母親の知恵のおかげですべて解決する事ができました。

殿さまは、このアイディアが60歳を過ぎた母親の知恵だった事を知り、それからはお年寄りを捨てる事をやめさせたそうです。

姨捨と更科を世に広めた「わが心」

「姨捨」を初めて詠み、かつ最も有名な和歌は、詠み人知らずのこの歌でしょう。

わが心 慰めかねつ更科や 姨捨山に照る月を見て

詳細は分かりませんが、故郷を離れて信濃の国に赴任した官人の歌ではないかといわれています。「慰めかねつ」とは慰めかねる、つまり慰めようと思っても慰めきれないほどの気持ちを表し、「姨捨山から見えるどこか寂しくも美しい月」と重ねて詠まれました。905（延喜5）年成立の『古今和歌集』に掲載されたことにより、姨捨や更科のお名前は世に知れ渡っていくこととなります。こうして「姨捨の月」は都の貴族たちにとって名月であるとともに、どこか寂しく慰めきれない気持ちを表す代名詞となっていったのです。

「わが心」の歌から約50年後、平安時代の951（天暦5）年頃に成立した『大和物語』には、和歌にちなんだお話が掲載されています。

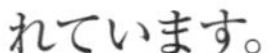

『大和物語』の「姨捨」ざっくり現代語訳

昔、信濃の国の更級というところに、男が住んでいました。若い時に親が死んだので、祖母が親代わりで付き添っていました。しかし男の妻が年老いた姑のことを疎み、いつも男に悪口を言って聞かせたので、男も昔のように祖母を大事にすることがなくなっていきました。

おばあさんはたいそう年をとって、腰が折れ曲がった状態で、妻はそのことをいっそう厄介に思っていました。妻は散々悪口を言いながら「姑を連れていって、深い山に棄てましょう」と責め立てたので、男も折れて妻の言う通りにしようということになりました。

月がとても明るい夜、男が「おばあさん、お寺でありがたい説法をするから見せたいのです」と言うと、おばあさんは喜んで背負われました。

高い山の麓に住んでいたのでその山の深くまで入り、下りられないところまで来て、置いて逃げて来てしまいました。おばあさんが「おやまあ」と言いましたが返事もせず、家に戻って考え事をします。妻に悪口を言われているときは同じように腹が立ったけれども、長年親のように一緒に暮らしてきたことを思うととても悲しく思われました。

この山の上から月がこの上なく明るく出ているのを眺め、夜中寝られず悲しんでこのように詠みました。

わが心 慰めかねつ更科や 姨捨山に照る月を見て

男はまた山を登りおばあさんを迎えに行きます。それにちなんで、姨捨山と呼ばれるようになりました。慰めがたいとは、こんな理由があったからなのです。

姨捨山と冠着山

平安時代頃の姨捨山は、冠の巾子、つまり冠の頂上後部に高く突き出した部分に似た山だと記されていることから、**現在の冠着山を指している**と考えられます。冠着山は千曲市と筑北村にまたがる標高1,252メートルの山。ほかにも更科山、古くは「小長谷山」「小初瀬山」「小泊瀬山」「おはつせやま」などとも呼ばれていました。

姨捨山の西側には、古代に近江国（現在の滋賀県）と陸奥国（現在の福島県、宮城県、岩手県、青森県）を結んだ東山道の支道が通っています。姨捨のお名前が広まったのは、東山道により人の往来があったことも大きく影響していました。

室町時代末期になると、**姨捨山は現在の姨捨駅や長楽寺の周辺に移動**します。すでに「姨捨」は月の名所、信州を代表する歌枕として都人にも浸透していました。移動した理由は、観光的な理由も大きかったと考察されています。冠着山より登りやすく眺めも良いことから「こちらを姨捨にした方が観光客が来そうだ」となったのではないでしょうか。現在の姨捨がある場所も、古来より月と関わりのある霊地であり、麓の武水別神社とも関係の深い場所だったようです。

摩訶不思議な「田毎の月」

歌川広重「六十余州名所図会 信濃 更科田毎月鏡台山」

姨捨の月といえば、「**田毎の月**」も有名です。江戸時代の浮世絵師である歌川広重は『信濃更科田毎月鏡台山』という作品の中で、すべての田んぼに映った月を描きました。ひとつの月が同時にたくさんの水面に映し出されることは、実はあり得ません。

実際に訪れてみるとよく分かりますが、田毎の月とは田んぼに映った月が歩くほどに次の田んぼへと移り変わっていく様を表しているのです。誇張したのか勘違いをしたのか、とにかく「田毎の月」はしばしば、こうした摩訶不思議な姿で描かれています。

「田毎の月」が初めて文献にあらわれるのは、戦国時代の武将・上杉謙信が武水別神社に捧げた願文の中。棚田に映った満月の様子を「田毎満月之景」と表しています。1578（天正6）年の狂言本『木賊（とくさ）』にも信濃国の名所のひとつとして「田毎の月」が登場します。この頃にはすでに田毎の月のお名前は姨捨とセットで世に知られていたと考えられます。

松尾芭蕉の起こした「姨捨ブーム」

平安時代から月の名所だった姨捨ですが、江戸時代に入って新たなブームが生まれます。そう、松尾芭蕉（まつおばしょう）の来遊です！

更科の里、姥捨山の月見んこと、しきりにすすむる秋風の心に吹きさわぎて

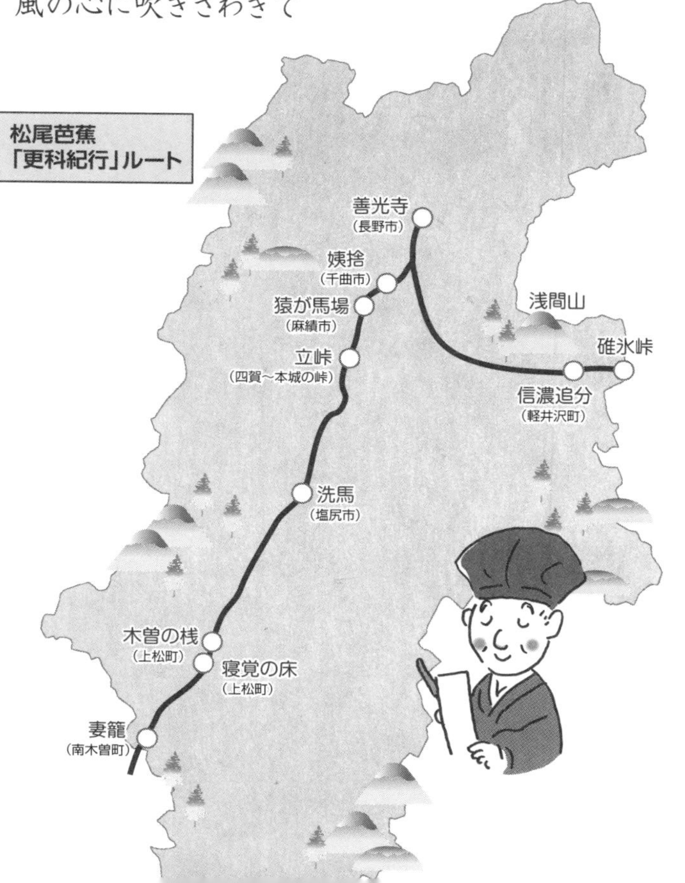

これは松尾芭蕉が書いた『更科紀行』の冒頭文。江戸初期の俳人である松尾芭蕉は1687（貞享4）年、43歳の時に姨捨の月を見るため信濃国を歩きました。美濃国（現在の岐阜県）から木曽路を通って姨捨、善光寺を詣でてから碓氷峠を通って江戸へと帰る様子を描いた『更科紀行』。秋風に誘われて歩いた信州の美しい秋景が感じられる作品です。

木曽路を通って善光寺街道に入った芭蕉は、猿が馬場（麻績村）や立(たち)峠（松本市四賀〜筑北村本城）などを通って最大の目的地である姨捨にやってきます。旧暦の8月15日付近に到着していることからも、姨捨で「中秋の名月」を見ることを目的に旅をしていたことが分かります。

姨捨で詠んだ句はこちら。句意はわたしの意訳です。

俤(おもかげ)や姨(うば)ひとり泣く月の友

→ その昔ここに独り残され、月だけを友として泣いた姥のおもかげを偲ぼう

いざよひもまだ更科の郡かな

→ 十五夜を観にきたが、十六夜の今夜もまだ更科にいるよ

姨捨伝説を踏まえて姥のおもかげに思いを馳せた芭蕉。2つ目の句では、次の日も更科にいる様子を詠んでいます。

十六夜にはためらい、進めないといった意味もあるので、この地を離れる名残惜しさが表れていますね。

芭蕉は1694（元禄7）年に50歳でこの世を去りますが、その後も芭蕉の弟子や地元の文人たちが姨捨を訪れ続けています。この頃になると観光用の名所として長楽寺周辺の姨岩や田毎の月、千曲川、鏡台山などが「姨捨十三景」に選定されました。

姨岩に座る筆者

信州さーもんのつぶやき

姨岩の上から探す月の友

わたしが姨捨を案内するときに必ず寄るのが、長楽寺にある姨岩の頂上。高さ15メートル、幅は25メートルあって、遠くから見ても存在感バツグンだよ！江戸時代に姨捨十三景に選ばれたこともあって、中秋の名月には人でごった返していたみたい。

長楽寺の裏手から階段を上り、足元に注意しながら岩の上部へ。まず見えてくるのは、どこまでも続いて見える千曲川と善光寺平の風景。右手に目を移せば、棚田が横向きに構えている。松尾芭蕉の句「俤や 姨ひとり泣く 月の友」を思い出しながら、静かに腰掛けていたい。

難読地名アカデミー!

2

31 中込【南箕輪村】
32 四徳【中川村】
33 長姫町【飯田市】
34 上(下)久堅【飯田市】
35 新野【阿南町】
36 和合【阿南町】
37 智里【阿智村】
38 治部坂【阿智村 浪合】
39 温田【泰阜村】
40 氏乗【喬木村】
41 鹿塩【大鹿村】

42 正島町【上松町】
43 田立【南木曽町】
44 新開【木曽町】
45 此島【王滝村】
46 女鳥羽【松本市】
47 赤怒田【松本市】
48 五常落水【松本市】
49 島立【松本市】
50 筑摩【松本市】
51 岩垂【塩尻市】
52 桔梗ケ原【塩尻市】

53 成相【安曇野市 豊科】
54 七貴【安曇野市 明科】
55 麻【麻績村】
56 清水高原【山形村】
57 古見【朝日村】
58 仁熊【筑北村 坂北】
59 花見【大町市 平/池田町】
60 会染【池田町】
61 林中【池田町】
62 反川【松川村】

つぎは初級3!

31 ナカゴメ
32 シトク
33 オサヒメチョウ
34 カミ(シモ)ヒサカタ
35 ニイノ
36 ワゴウ
37 チサト
38 ジブザカ
39 ヌクタ
40 ウジノリ
41 カシオ
41 ショウジママチ
43 タダチ
44 シンカイ
45 コノシマ
46 メトバ
47 アカヌタ
48 ゴジョウオチミズ
49 シマダチ
50 ツカマ
51 イワダレ
52 キキョウガハラ
53 ナリアイ
54 ナナキ
55 オ
56 キヨミズコウゲン
57 コミ
58 ニクマ
59 ケミ
60 アイソメ
61 ハヤシナカ
62 ソリカワ

先人の知恵とおいしさがギュギュッと詰まった信州の「郷土料理」

険しい山々に囲まれた信州では、地域によって独特の食文化が育まれてきました。郷土料理を紐解いていくと、厳しい環境を生き抜くための工夫や知恵が見えてきます。海のない場所で塩を使わずに漬物をつくったり、貴重な馬肉を余すところなく使ったりと、先人の知恵とおいしさがギュギュッと詰まった信州の郷土料理をご紹介します。

おやき

「おやき」は野菜やあんこなどを、小麦粉や蕎麦粉と水を混ぜた生地で包んだ郷土料理です。中身はバラエティ豊かですが、同じく郷土料理の「野沢菜」を入れたおやきが定番。個人的には味噌なすのおやきが好きです。

千曲市のおやき居酒屋「七福」のおやき

起源は約4,000年前の縄文時代までさかのぼるといわれ、小川村の遺跡からは、雑穀の粉を練って焼いた跡が発見されています。調理法は「蒸す」「焼く」「焼いて蒸す」「蒸して焼く」など地域や家庭によってさまざまありますが、昔は表面を焼いた後に囲炉裏の灰の中で蒸し焼きにする「灰焼きおやき」が主流でした。

ちなみに見た目はおやきでも名称の異なるものもあります。例えば栄村の「**あんぼ**」は小麦粉ではなく米粉を使用しており、新潟県の郷土料理としても知られています。また小谷村の「**ちゃのこ**」は小麦粉にそば粉と馬鈴薯（ばれいしょ）（じゃがいも）を混ぜており、もっちりとした食感が特徴です。

安曇野のおやき・漬物専門店「あずみ堂」のおやき（野沢菜）

野沢菜

野沢菜は漬物用に栽培されるアブラナ科アブラナ属の漬け菜の一種です。野沢温泉村で栽培されたことから「野沢菜」と名付けられました。「**信州菜**（しんしゅうな）」とも呼ばれ、一言で「**お菜**」とあらわすこともあります。

野沢菜の発祥は野沢温泉村にある健命寺にあり、1756（宝暦6）年に住職が京都から持ち帰った天王寺蕪が標高差により突然変異を起こしてできたという言い伝えがあります。しかし最近の遺伝子的研究でルーツはシベリアにあり、東日本の山間地で似た種類が多く確認されていることが分かりました。

農林水産省webサイト
うちの郷土料理「野沢菜漬」より

漬け込みの様子

山賊焼（さんぞくやき）

山賊焼はニンニクベースのタレに漬けた大きな鶏もも肉を豪快に揚げた塩尻市周辺や松本市の郷土料理です。由来は諸説あり、**山賊は物を「取り上げる」ことから「鶏揚げる」とかけている**説や、塩尻市の**居酒屋「山賊」の前身である「松本食**

山賊焼

堂」店主の祖父母が売り出したから、などがあります。

美味だれ焼き鳥

美味だれ焼き鳥

美味だれ焼き鳥は上田市の登録商標であり、正真正銘「信州上田名物」です。特徴は**すりおろしニンニクが入った醤油ベースのタレ**。すりおろしたリンゴを入れて酸味がかったお店もあります。

美味だれ焼き鳥は「美味だれで委員会」によって名付けられました。**上田地域の焼き鳥は食べ方が独特だと気付き、元々あった焼き鳥の食べ方に名前をつける**ことになったのです。公式HPによると、上田地域には「おいだれ」という方言があり、「美味しいタレ」と語呂を合わせて考えられたのだそう。「おいだれ」とは親しい仲間内に使う愛称であり「お前たち」という意味があります。

おたぐり

おたぐり

おたぐりは馬のもつ（腸）の煮込み料理で、飯田市や伊那市を中心とする伊那谷の郷土料理です。馬の腸は20～30mと長く、**下ごしらえの際に手繰り寄せるように洗うことから「おたぐり（お手繰り）」**と呼ばれています。

伊那谷で馬のモツが食べられるようになったのは明治後期、お店に出されるようになったのは大正時代のこと。飯田市周辺の居酒屋や定食屋などで提供されており、おみやげでも購入することができます。

五平餅

五平餅

五平餅は半分つぶしたうるち米を串に刺して、味噌や醤油ベースのタレをつけて焼いたものです。長野県では木曽・伊那地域の郷土料理として知られ、「わらじ型」や「団子状」など形にバラエティがあるのも特徴です。起源は分かっていませんが、江戸中期にはすでに存在していたようです。

五平餅の「五平」は一説によると、**神道の祭祀に使われる「御幣（ごへい）」に由来する**といわれています。お米が貴重だった山間部では、五平餅は神さまへのお供物だったのかもしれません。**ほかにも「五平さんが考案したから」という説**もあります。

おしぼりうどん

農林水産省webサイト うちの郷土料理「おしぼりうどん」より

おしぼりうどんは辛味大根のしぼり汁に味噌を溶かし、うどんをつけて食べる郷土料理です。**大根のしぼり汁は「おしぼり」と呼ばれ、おしぼりうどんの由来**にもなっています。長野県では坂城町が有名で、特産品の「ねずみ大根」を使用するのが特徴。

醤油が庶民に流通する江戸中期以前、蕎麦やうどんは味噌につけて食べるのが一般的でした。おしぼりうどんは古い食文化を今に伝える貴重な郷土食だといえます。

すんきそば

すんきそば

すんきそばは、**木曽地域の伝統的漬物「すんき漬け」**を温かい蕎麦に入れて食べる郷土料理です。すんき漬けは赤かぶの葉に「すんき種」を加えて乳酸発酵させた漬物で、塩を一切使用していません。晩秋から冬にかけて漬けられるため、すんきそばも冬季限定で提供されることが多いです。

すんき漬けの原料となる赤かぶは木曽地域で古くから栽培されている「木曽かぶ」が使われており、さらに「開田かぶ」「王滝かぶ」「三岳黒瀬かぶ」「吉野かぶ」「芦島かぶ」「細島かぶ」という6種類に分類することができます。

ちなみに京都の伝統的漬物のひとつ「酸茎漬（すぐき）」とも名前が似ていますが、こちらは塩を使用しているため別物です。

キムタクごはん

郷土料理とは少し異なりますが、今や長野県のB級グルメとして市民権を得ている「キムタクごはん」をご紹介します。小中学生にも大人気の給食メニュー「キムタクごはん」は、長野県塩尻市発祥。キムタクごはんの**「キムタク」は「キムチ」と「たくあん」**のこと。

「キムタクごはん」は細かく刻んだベーコン、はくさいキムチ、たくあんを炒めて薄口醤油で味を整え、温かいごはんに混ぜ込むメニューです。学校給食のリクエストランキングで上位にランクインすることも多いのだとか。

今でこそ長野県内外で知られる給食メニューとなりましたが、はじめは子どもたちに漬物をおいしく食べてもらいたいという想いから、**塩尻西部中学校の栄養士が考案**したメニューでした。背景には長野県が伝統的に漬物文化が根づいた地域でありながら、子どもたちの漬物離れが進んでいることがあったようです。

もともとは塩尻西部中学校だけの給食メニューでしたが、各校の栄養士が集まる会議で紹介したことで塩尻市内に広がりました。2011（平成23）年にテレビ番組で取り上げられたことから、キムタクごはんは全国に知られるものとなったのです。

キムタクごはん

信州サーモン
提供：長野県農政部

信州サーモン

サーモンといえば海のイメージが強く、海から遡上できる川のない長野県には馴染みのないように思えます。しかし長野県には、山で育った信州産のサーモンが存在します。プリっと肉厚な身に脂の乗ったトロットロの信州サーモンは、**ニジマスのメスとブラウントラウトのオスを交配した養殖魚**です。信州ならではの食材を考案しようと、長野県水産試験場が約10年もの歳月をかけて開発しました。銀色の身体やサーモンピンクの身がサーモンに似ていることから、「**信州サーモン**」と名付けられたそうです。

また飯田市の棚田養魚場が地元ブランドとして開発した「**信州アルプスサーモン**」もあります。飯島町で養殖され中央アルプスの清冽な水でじっくり育てられており、引き締まった身と上品な味わいが特長。

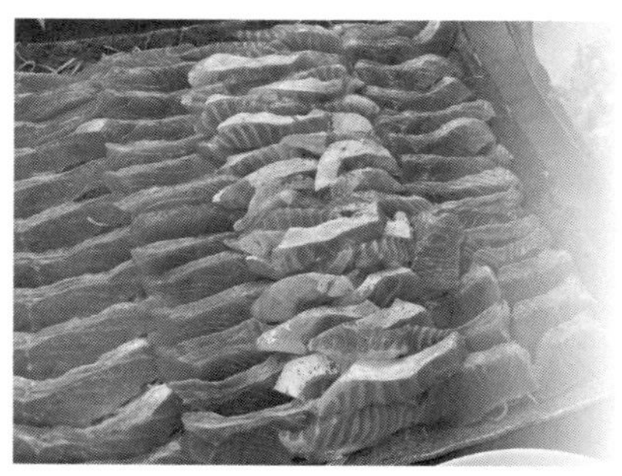
天龍村「村田屋養魚場」の
信州サーモン

発祥の地を探る

醤油

金山寺味噌

信州といえば「信州味噌」のイメージがありますが、実は醤油の起源に信州・松本出身で鎌倉時代の禅僧・覚心が関わっている説があることをご存知でしょうか。覚心は高野山をはじめ全国で修行をし、中国・宋に渡りました。

覚心は宋の径山（きんざん）で味わった味噌の味が忘れられず、帰国した後、紀州の湯浅というところで味噌作りをしました。それが金山寺味噌のはじまりといわれています。その味噌桶の底に溜まった液が美味しかったことが、醤油つくりのきっかけになったといわれているのです。

覚心（法燈国師木像/円満寺蔵）
提供：和歌山県立博物館

ローメン

信州のグルメの中でも特に異彩を放っているのが、県南部の伊那エリアで人気の「ローメン」です。一見焼きそばやラーメンのように見えますが、羊肉をのせているのが特徴（牛肉の場合もあるようです）の郷土料理です。

他県民、他地域の人が一度食べたら、その不思議な味にとりこになる人もいるとか。郷土料理も奥が深いですね。

まじか

信州産の名字

　ここでは長野県がルーツとなった「信州産の名字」をご紹介します。長野県以外ではあまり見かけないご当地限定名字から、逆に今では県内で見かけない信州生まれの名字などをまとめました。

有賀（あるが）……諏訪市

　諏訪市豊田有賀をルーツとする**有賀**。長野県ではもっぱら「あるが」ですが、県外では「ありが」と読まれることも少なくありません。全国に2万人ほどいるうち、およそ6,000人が長野県在住。県内では特に上伊那地域に多く、南箕輪村内ではランキング1位の名字です。伊那市や辰野町にも集中しています。

「有賀」の歴史は古く、鎌倉期には諏訪郡の中に「有賀（在賀/あるか）郷」が存在していました。南アルプス（赤石山脈）の北方には諏訪市と辰野町をつなぐ有賀峠があり、有賀の集落は諏訪側の扇状地にあります。

この地を治めた**有賀氏は、諏訪郡の領主であった諏訪氏を支えた有力支族**です。諏訪氏が滅亡した後は武田氏に従い、武田氏滅亡後の江戸時代には旗本となっています。有賀峠の登山口付近にあった有賀城が、有賀氏の居城でした。

ちなみに戦艦大和最後の艦長として知られる**有賀幸作**（あるがこうさく）は辰野町の出身。「あるが」と読まれず聞き返されることを嫌い、「ありが」で通したというエピソードがあります。軍帽裏のネーム刺繍も「アリガ」だったそうです。聞き返されることにうんざりするのは、有賀（あるが）さんあるあるなのかもしれませんね。

芋川（いもがわ/いもかわ）……諏訪市

芋川（いもがわ/いもかわ）の起源は不明ですが、**飯綱町芋川が発祥**。地名は「いもがわ」と読みます。平安時代の荘園「芋川庄」（いもがわのしょう）があったことから名付けられました。一説によると、この地を流れる斑尾川が古くは芋川と呼ばれたことに由来しているとのこと。 飯綱町の芋川地区にある妙福寺の近くに

芋川氏館跡（飯綱町）

は、芋川氏の館跡があります。

中世の芋川氏といえば、高梨氏、村上氏、武田氏、上杉氏を渡り歩いた武家。武田氏滅亡後の戦国時代には、信濃へと侵攻してきた織田信長軍に対抗し、軍を率いて「芋川一揆」を起こした芋川正親（まさちか）の名前が知られています。正親はその後上杉軍に加わって大坂の陣に参戦し、福島県福島市の大森城主となりました。

ちなみに山形県では、**五百川（いもかわ）という地名と名字**があります。また福島県郡山市には五百川（ごひゃくかわ）という川もありますが、古くは「ようが」または「よが」とも呼ばれていたようです。ここからは個人的な考察ですが、五百年や五百歳をいおとせというように、五百は「いほ/いお」と読まれ、たくさんあることや長いことを意味します。芋川も元々は「いほかわ/いおかわ」であり、芋川に当て字されたのではないかと想像しました。郡山市の「ようが」も「いおがわ」が訛ったものではないかと推測しています。芋川の集落を縦断するような長い川であったことから名付けられたのではないでしょうか。

大日方（おびなた）……大町市

大町市八坂大日方をルーツとする**大日方**（おびなた）。戦国時代の武将・小笠原貞朝（おがさわらさだとも）の四男・長利（ながのり）がこの地に住み、大日方氏と名乗ったのが始まりです。

由来は名前のイメージ通り、**大きくひらけて日向になる場所**という意味だと考えられます。山が多くて日照時間の短い長野県で日向は貴重な場所だったため、有力者が住むことが多かったようです。ちなみに同じ読み方で小日向、大日向などもあります。

風間（かざま）……長野市

長野県に多くはないけれど、実は長野県発祥の名字というものも存在します。そのひとつが**風間**（かざま）。全国に25,000人ほど存在し、そのうち5,000人近くは新潟県にいます。平安時代の979（天元2）年に、諏訪郡の領主であった**諏訪氏から分家した**

矢島忠直が荘園を管理する庄司(しょうじ)として派遣され、風間姓を名乗ったのが始まり。風間氏はその後北信濃から越後の国境までその勢力を伸ばしていきました。

室町期から戦国期には風間郷、江戸時代から1889（明治22）年には風間村、現在も長野市内の大字名として風間という地名が残っています。「かざま」とは大和言葉で「**砂が堆積した低い平地**」を表しますが、千曲川と犀川の合流地点北側に位置する風間も似たような地形をしています。

当地には風間神社があり、平安時代中期に編纂された「延喜式」にも「風間神社(カゼマノ)」と記載される由緒正しい神社です。風間さん発祥の地として、今でも多くの風間さんが参拝に訪れているのだとか。

唐沢(からさわ)……伊那市

信州さーもんのつぶやき（32頁）で「◯沢」さんが多いという話をしましたが、個性的なパターンに**唐沢**(からさわ)があります。全国にいる唐沢さんの約半分が長野県に住んでいることから、独特の名字といって良いでしょう。箕輪町をはじめ伊那谷の北部に多く、その辺りがルーツだと考えられています。

唐沢の「から」は「涸（か）れる」、つまり水がないことを意味していると考えられます。**水が枯れてしまった場所や、湿地帯だった場所のことを指している**のでしょうか。北アルプスには「涸沢カール」と呼ばれる氷河圏谷や「涸沢岳」などもあります。ちなみに長野県以外では栃木県佐野市をルーツとする唐沢氏もあり、関東地方にも多く見られる名字です。

草間（くさま）……中野市

一本木公園・バラ公園（中野市）

草間氏は室町時代頃に諏訪から現在の中野市草間へと移り、居城を築いた豪族です。全国に1万人以上いるため長野県特有の名字ではありませんが、ルーツは信州にあります。**くさま**と読みますが、まれに**そうま**の場合も。高梨氏の家臣として1400（応永7）年の大塔（おおとう）合戦に参戦した記録が残っています。

伝承によると初めは千曲川をはさんで対岸あたりにあった大久保村に住んでいましたが、村人たちと共に現在の草間へ移動。そのとき、領主だった草間氏からとって、その場所を草間村と呼ぶようになったといいます。1394（応永1）年に草間城を築いた後167年の間、草間の地を治めました。

中野市には今でも地名として草間が残っています。現在の信州中野ICの近くにあり、千曲川の右岸、高丘台地の南東に位置しています。草間氏はその後川中島合戦の最中、1559（永禄2）年に武田勢によって居城を焼かれ、上杉謙信を頼って高梨氏と共に越後へと移りました。

芸術家の草間彌生（本名は草間弥生）さんも松本市出身であるように、現在は中野市よりも松本市周辺に多い名字です。長野県内に1,300人ほどいる草間さんのうち、半数以上の560人ほどが松本市にいます。草間氏は上杉氏が会津へ領地を移した際に同じく入部したため、武田氏から領地を取り戻した後も草間の地に戻ってくることはありませんでした。松本市に多い理由は分かりませんが、中野市に草間さんがいないのはそのためです。

等々力（とどりき）……安曇野市

轟く水の音が聞こえてくるような「**等々力**（とどりき）」というお名前は、安曇野市穂高等々力の発祥です。「とどろき」と読む場合もありますが、県内では「とどりき」と読む方が多いように感じます。穂高川が梓川に注ぎ込む烏川扇状地の末端に、**等々力**（とどろき/とどりき）**村**がありました。また穂高川に沿ってすぐ上流には**等々力町**（とどろきまち/とどりきまち）**村**もあり、江戸時代には千国街道保高（穂高）宿の一部でした。

等々力氏の初見は室町時代、1400（応永7）年の大塔合戦です。信濃守護小笠原氏と争った仁科氏の軍勢に「**戸度呂木氏**」がいました。大坂冬の陣にも出陣しましたが、のちに帰農して庄屋となっています。現存する等々力家の建物は江戸中期に建てられ、松本藩主が鮭・鴨漁をする際の休憩所として使われたことから「御本陣」とも呼ばれていました。

東京都世田谷区と神奈川県川崎市の町名である等々力や山梨県甲州市の地名である等々力など全国各地に見られ、いずれも水に関連しているようです。ちなみに長野市に多いのは**轟**さんですが、これは明治期になって等々力から派生したものだという説があります。

花岡……岡谷市

花岡は岡谷市が発祥。地名は鎌倉時代から見られ、戦国時代には花岡城も築城されました。諏訪氏に所属する有賀氏の支族、花岡氏の居城といわれています。現在は岡谷市、東御市、小諸市などに多くみられる名字です。

ちなみにくるみ菓子で有名な御菓子処「花岡」の創業は1912（大正元）年。初代・花岡健吾が出身地である東御市祢津でおせんべいを焼き始めたことがきっかけだそう。現在は東御市の田中駅近くに本店を構えています。

百瀬（ももせ）……松本市

百瀬（ももせ）も長野県独特のお名前です。全国にいる百瀬さんのうち6割弱が長野県にいて、そのうち8割が松本市周辺に集中しています。県外では「ひゃくせさんですか？」と聞かれがちな難読名字ですが、松本周辺で読めない方はいないはず。ちなみに歌手の美川憲一さんの本名は百瀬由一さんで、諏訪市のご出身です。

松本市の寿地区には、明治初頭まで百瀬村という村がありました。その名主が百瀬家です。さらにその村に住んでいた人々がのちに百瀬を名乗って広がったと考えられます。「百（モモ）」はママが転じたもの、つまり崖を表す説もありますが、由来は不明です。長野市小鍋にも百瀬という地名があります。

依田（よだ）……上田市

東信地方に来ると途端に多く見られる**依田**（よだ）。長野県と山梨県に多く、全体の4割が2県に集中しています。ルーツは上田市の依田地区。清和天皇の子孫で平安中期に信濃国へとやってきた、いわゆる「信濃源氏」のひとりが依田氏を名乗りました。

平安後期には木曽義仲が依田城で挙兵し、依田次郎がその傘下に加わっています。義仲が討ち死にしたことで依田氏も各地へ散らばりましたが、のちに再び所領を取り戻しました。

まだある!信州発祥の名字

跡部	(あとべ)	佐久郡跡部郷(佐久市)
臼田	(うすだ)	佐久郡臼田(佐久市)
大池	(おおいけ)	筑摩郡大池(山形村)
小田切	(おだぎり/こたぎり)	佐久郡小田切(佐久市)
片倉	(かたくら)	佐久郡片倉(佐久市)
川上	(かわかみ)	佐久郡川上(川上村)
桐原	(きりはら)	筑摩郡桐原(松本市)
草間	(くさま)	高井郡草間郷(中野市)
倉科	(くらしな)	埴科郡倉科(千曲市)
小出	(こいで)	伊那郡小出(伊那市)
小岩井	(こいわい)	筑摩郡小岩井郡(松本市)
小宮山	(こみやま)	佐久郡小宮山(佐久市)
桜沢	(さくらざわ)	高井郡桜沢郷(中野市)
塩原	(しおはら)	筑摩郡郷原(塩尻市)
園原	(そのはら)	伊那郡園原(阿智村)
常田	(ときた/ときだ)	小県郡常田荘(上田市)
波田腰	(はたこし)	筑摩郡波田(安曇野市)
古厩	(ふるまや)	安曇郡穂高(安曇野市)
耳塚	(みみづか)	安曇郡穂高(安曇野市)
室賀	(むろが)	小県郡室賀郷(上田市)
森山	(もりやま)	佐久郡森山(小諸市)

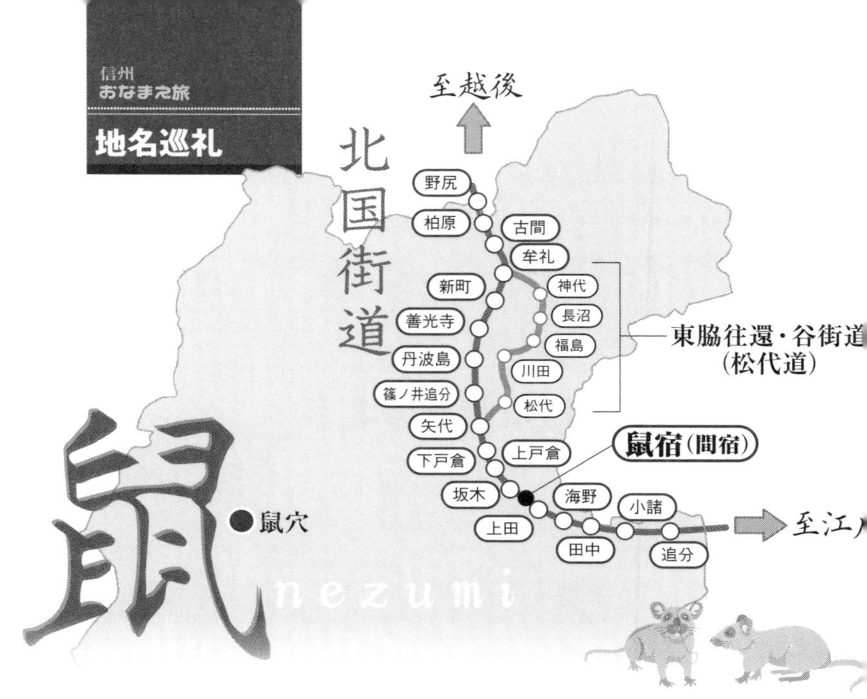

窮鼠猫を噛む?「ねずみ」の地名にまつわる伝説

猫、蛇、牛、馬など、動物にちなんだ地名を見かけることはありませんか?例えば善光寺平の最南端、坂城町に今でも残る地名「ねずみ」。国道18号線沿いには、ひときわ目を惹く「ねずみ」と書かれた信号があります。少し北には鼠橋がかかり、鼠公民館も見えました。気になって調べてみると、どうやら坂城町に江戸時代から1874(明治7)年まであった村名であり、「**鼠村**」もしくは「**鼠宿村**(ねずみしゅく)」という名前で登場していました。また北安曇郡の松川村にも**鼠穴**(ねずみあな)という地名があり、鼠石と名付けられた伝説の石も見られます。

「ねずみ」というお名前にはどんな意味や由来があるのでしょうか。2つの地名から考察していきましょう。

北国街道鼠宿（間宿）

「ねずみ」の地名が残る場所は、江戸と金沢を結ぶ北国街道沿いにあります。鼠宿は上田宿と坂木（さかき）宿の間にあり、江戸時代から交通の要衝でした。松代藩が鼠宿口留番所（くちどめばんしょ）という見張り所を設け、人や物の出入りを取り締まっていました。

ねずみは「不寝見（ねずみ）」、つまり寝ずに見張り番をするための場所であった考えられています。物見をしたり、狼煙を上げたりしたそうです。ねずみの地名は日本各地に残り、豪雨の時に川の氾濫を監視する場所であったと伝わる場所もあります。

ネコとネズミの民話

坂城町の「ねずみ」にはひとつ、面白い民話があります。まだ上田のあたりが大きな湖だった頃、大ネズミとその子分たちが田畑を荒らすので人々は困っていました。そこで遠い海の向こうに住んでいた大きな唐猫（からねこ）さまにネズミ退治をお願いしま

す。大ネズミは上田市の半過（はんが）まで追い詰められると、大きな岩山をかじって食い破りました。岩山に溜まっていた水が流れ出し、湖は消えて千曲川となったというお話です。

長野市篠ノ井には「**軻良根古神社**（からねこ）」という変わった名前の神社があり、死闘の後に力尽きた唐猫さまが千曲川によってこの場所まで流されてきたというアフターストーリーも残っています。

※ネコは桓武天皇の時代に中国からやってきたことから、「唐猫」とも呼ばれていました。軻良根古（からねこ）神社は、渡来してきた貴人を祀ったともいわれているそうです。

鼠村のある善光寺平の南端には千曲川をはさんで両岸に「**岩鼻**（いわばな）」と呼ばれる奇岩があります。鼻のように2つの大きな穴があいている様子は、まさにネズミがかじったチーズのよう。「**半過岩鼻**（はんがいわばな）」と、川を挟んで向かい側の「**下塩尻岩鼻**（しもしおじりいわばな）」があります。元々はひとつの山だったものが千曲川によって侵食され、このように不思議な姿になりました。ふたつの岩鼻は岩質が異なるため、千曲川断層が存在するという説もあります。

岩鼻（上田市）

松川村には鼠穴がある

松川村の地名「**鼠穴**（ねずみあな）」も「不寝見」に由来していると思われます。北アルプスの前衛にあたる有明山の前山山麓、芦間川（足間川）と中房川にはさまれた扇状地の段丘上に位置し、近くには鼠穴城がありました。鼠穴もその不思議なお名前から、面白いねずみ伝説が残っています。

松川村の「鼠石伝説」によると、子どもの手が入るほどの大きさが開いている岩穴を「鼠穴」と呼ぶのだそうです。県道306号線（山麓線）沿いにある**鼠石**にも同じくらいの穴があい

鼠石（松川村）

ており、有明山頂の金明水・銀明水が湧き出る穴まで通じているといわれています。また一説によると、長野市の善光寺まで通じているというお話です。

鼠石にはもうひとつ民話があります。夜に鼠穴に向かって「明日、何人前のお膳やお椀を貸してくれ」と頼むと、次の日には鼠石の穴を開けたねずみが岩の上に出しておいてくれたそうです。しかし借りたものを壊した上に詫びもせず返した者があったことから、誰にも貸してくれなくなりました。少し調べたところ、茨城県下妻市の「からねこ塚」でもお椀を借りられる民話を見つけました。

信州さーもんのつぶやき

から〜い!ねずみ大根とおしぼりうどんを食べてみよう

坂城町周辺に伝わる「ねずみ大根」。ネズミのような尻尾がついていることからその名がつけられました。ねずみ大根を使った代表的な郷土食といえば、「おしぼりうどん」です。ねずみ大根をすりおろした「おしぼり」と呼ばれる辛〜いしぼり汁に味噌を溶かし、釜揚げしたうどんをつけて食します。お好みでネギやクルミをプラスしても美味しいですよ。最初に食べたときは味噌の加減が分からず涙を流すほど辛くて食べ切るのが大変でしたが、身体の中からポカポカと温まる冬におすすめの伝統食です。

ねずみ大根収穫の様子

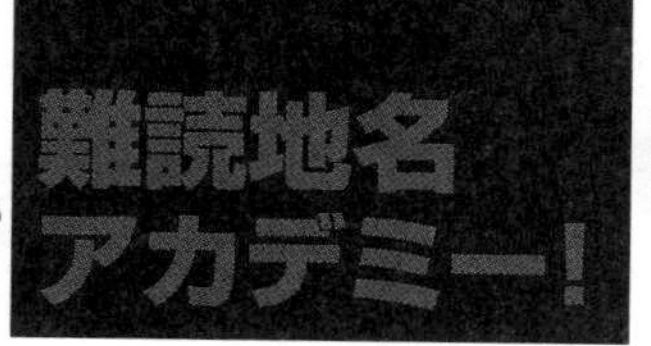

63 神城【白馬村】
64 深空【白馬村】
65 北城【白馬村】
66 三日市場【白馬村】
67 大網【小谷村北小谷】
68 来馬【小谷村北小谷】
69 千国【小谷村】
70 御幣川【長野市篠ノ井】
71 追分【軽井沢町】
72 安茂里【長野市】
73 御厨【長野市川中島】
74 合戦場【長野市】
75 信級【長野市信州新町】
76 往生地【長野市】
77 七二会【長野市】
78 檀田【長野市】
79 五閑【須坂市】
80 仁礼【須坂市】
81 相森町【須坂市日滝】
82 雨宮【千曲市】
83 鋳物師屋【千曲市】
84 打沢【千曲市】
85 都住【小布施町】
86 水中【高山村】
87 古間【信濃町】
88 古海【信濃町】
89 牟礼【飯綱町】
90 厚貝【中野市】
91 常郷【飯山市】
92 夜間瀬【山ノ内町】
93 虫生【野沢温泉村】
94 切明【栄村 堺】
95 五宝木【栄村 堺】

こたえ

63 カミシロ
64 フカソラ
65 ホクジョウ
66 ミッカイチバ
67 オアミ
68 クルマ
69 チクニ
70 オンベガワ
71 オイワケ
72 アモリ
73 ミクリヤ
74 カッセンバ
75 ノブシナ
76 オウジョウヂ
77 ナニアイ
78 マユミダ
79 ゴカン
80 ニレイ
81 オオモリマチ
82 アメノミヤ
83 イモジヤ
84 ウッサワ
85 ツスミ
86 ミズナカ
87 フルマ
88 フルミ
89 ムレ
90 アッカイ
91 トキサト
92 ヨマセ
93 ムシウ
94 キリアケ
95 ゴホウギ

信州
おなまえ旅

発祥物語

阿島さん発祥の地に伝わる「阿島傘」

阿島(あじま)は、喬木村(たかぎむら)にある地名のひとつです。名字の「阿島さん」発祥の地のひとつでもあります。『角川日本地名大辞典』によると、地名は**葦(あし)が生い茂った島のような場所**だったことから「あしま」となり、なまって「あじま」になったと伝えられるそうです。

阿島陣屋跡

趣味の宿場町めぐりで阿島陣屋を訪れたとき、同じ名前の「阿島傘」が気になり、阿島傘伝承館にも立ち寄りました。陣屋とは今でいう役所のようなものです。阿島傘は江戸中期に始まって、今でも喬木村で受け継がれています。蛇の目傘や踊り傘のような華やかな見た目ではないものの、丈夫で長持ちするようにつくられた実用向きの番傘が多かったようです。阿島傘の誕生から発展までのストーリーを簡単にご紹介します。

阿島傘ものがたり

1737（元文2）年の春、浪合の関所(阿智村)でひとりの旅人が腹痛に見舞われましたが、関所の役人が親切に介抱し、数日ですっかり良くなりました。

この旅人は京都から来た傘職人で、介抱のお礼に傘づくりを教えてくれました。そうして関所の役人たちがつくった品物は、既存のものより出来栄えが良いと、旅人に褒められたそうです。

その後関所の任を終えて阿島に帰った役人は、下級武士たちに傘のつくり方を広めます。彼らは経済的に苦しかったため、内職に傘づくりをするようになりました。時間が経つにつれて、一般の領民たちにも広がっていき、阿島傘の基礎が固まっていったそうです。

復元された浪合関所跡

もうひとつ、京都ではなく加納（岐阜県

岐阜市）から技術が伝わってきたという説もあります。浪合の関所の下級役人たちが、木地師（きじし）を通して下請け仕事をもらっていたのだそう。加納は傘の産地として有名で、つくり方や分業の仕方も似ていることから、信憑性のある説だといわれています。

傘張りの作業

ちなみに木地師とは、ろくろと呼ばれる特殊な工具を使って木製のお椀やお盆などをつくる職人で、ろくろ師とも呼ばれています。加納や阿島の傘づくりにもこの「ろくろ」の技術が使われているんですよ。

阿島藩主「知久」氏

阿島周辺の地を治めていたのは、諏訪氏の支流である**知久（ちく）氏**です。1601（慶長6）年の関ヶ原の戦いに徳川軍として参加した功労により、知久則直（のりなお）が初代阿島藩主として阿島に入りました。

先祖は知久平（箕輪町）に住んだ豪族だといわれていて、地名を家名にしています。知久氏は浪合、小野川（阿智村）、帯川（阿南町）、心川（こころがわ）（阿南町）の４関所の守備を任されていたので、外の文化を取り入れやすい環境にあったのかもしれません。

伝えていきたい阿島の手仕事

江戸時代中期から後期になると、中馬（ちゅうま）と呼ばれる運送手段が発達したことにより、飯田はもちろん、長野県内外へと広まっていきます。文化・文政の頃（1804〜1829）には知久氏が傘問屋をつくり、傘の製造者や問屋を生業とする人も増えていきました。

こうして阿島傘は阿島の一大産業になり、最盛期には100軒以上の傘屋が立ち並んでいたそうです。しかし昭和中期頃から洋傘の普及に押されて、和傘の需要は落ち込んでいきました。今では傘づくりを生業とするお家は1軒だけ。それでも阿島傘の注文は絶えることなく、受注生産を続けているのだそうです。阿島さん発祥の地に受け継がれ続けた「阿島傘」。興味を持った方はぜひ喬木村に足を運んでみてくださいね。

松本
matsumoto

松本城の総堀跡を歩いて旧地名を探す旅

松本城下町を歩いていると、井戸や水路の多さに気づきます。静かな通りや小径でも、どこからか水の音が聞こえる。そう、松本は水の街なのです。

この松本城下町には**女鳥羽川**(めとばがわ)のほか、蛇川、榛(はん)の木(き)川、長沢川、紙漉川(かみすきがわ)といった水路が流れています。張り巡らされた水路や湧水は、古くから人々の生活用水や防火用水などに活かされてきました。お堀は内堀、外堀、総堀とに分かれています。今では埋め立てられたり暗渠(あんきょ)になっていたりすることもありますが、井戸や湧水、水路の様子から城下町らしいお名前の由来を探ってみました。

松本城

“松本城”の誕生

松本市のシンボルともいえる、国宝「松本城」。その昔は**深志城**（ふかし）と呼ばれており、室町時代の1504（永正元）年、林城の支城として築城されました。「深志」という地名は今でも残り、近くには松本深志高等学校があります。**元々は「深瀬」と呼ばれていて、湿地帯の多かった土地**を示していると考えられます。深瀬から深志になった理由は、字面の良さではないでしょうか。

松本城主の入れ替わりを説明するとごちゃごちゃするのでここでは省きますが、林城や深志城は武田信玄に攻略され、32年間支配されていました。そのとき追い出されたのが小笠原長時という武将です。1582（天正10）年に織田信長が武田氏を滅ぼしたことで、長時の息子である**小笠原貞慶**（さだよし）がお城を奪還しました。そのときに、お名前も深志城から松本城に改めたのだそう。

「松本」の地名は、1695年頃（元禄年間）に徳川幕府へ差し出された国絵図の中で、北深志の西半分に小名（こな）として記されています。つまり**松本は元々、深志エリアの中にある小さな地名だった**と思われます。

一説には念願だった城主に返り咲いたことから待ち（松）望んでいた本意（旧領復帰）を果した、とか、中世から対立が続いていた松尾の小笠原に対して信府小笠原が本家であるとか、そんな経過が由来であるともいわれています。

松本城天守閣より

松本城の総堀跡を歩いてみよう!

松本城は内堀、外堀、総堀と3種類のお堀に囲まれていました。中でも一番外側にあった総堀（そうぼり）は明治期に入って段々と埋め立てられていき、当時の面影をほとんど残していません。今では松本市役所東庁舎裏側から北門跡にかけてわずかに残されるのみです。

松本城下町は計画的につくられた都市です。町人地と武家地の別を正確に表現することは難しいですが、町人地は女鳥羽川より南、善光寺街道の沿線、武家地は総堀の内側とその周辺、北側に時代とともに広がっていったのです。

北馬場柳の井戸

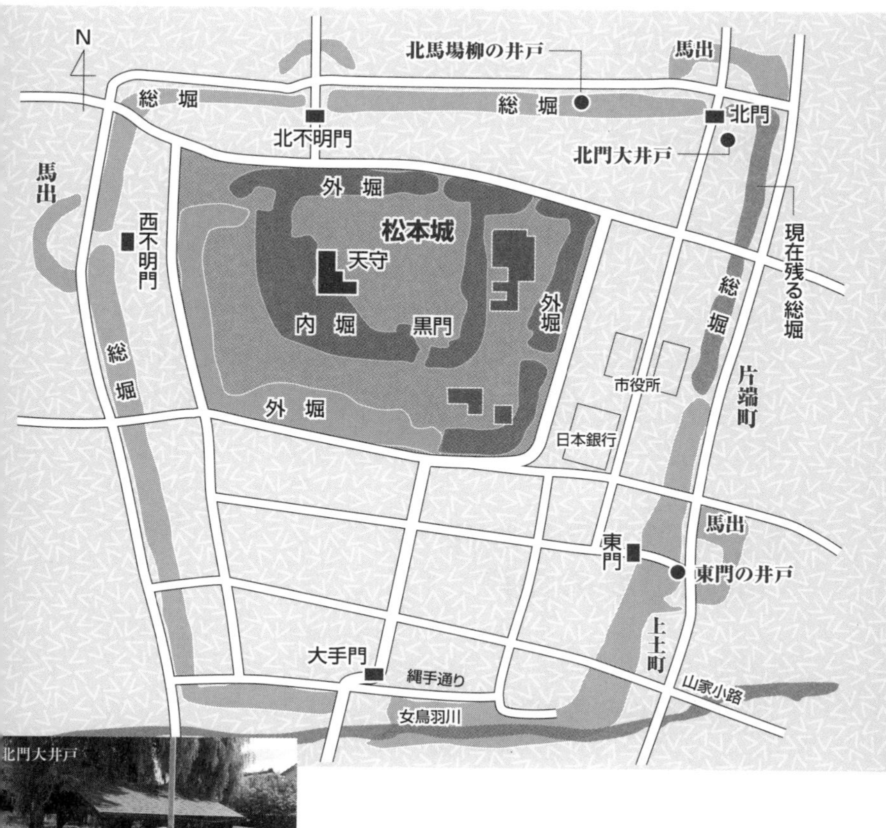

北門大井戸

片側だけ屋敷割された
片端町

深志橋の南側に**片端町**（かたは）という地名があります。松本城下町を整備したときに、**総堀の東側だけ、つまり片側だけ武家屋敷が立ち並んだ**ことからついたお名前です。今でも大正・昭和期に建てられた洋風な建物（医院など）が立ち並んでいます。

総堀を埋めた後に湧き出した
北門大井戸

片端町から北へまっすぐ進むと、総堀跡の曲がり角、現在ある総堀の終点までたどり着きます。車道よりガクンと下がった場所は公園になっていて、敷地内には**北門大井戸**があります。総堀の底だった場所にあって、井戸ができたのは総堀を埋め立てた後でした。お堀の水は湧水だったため、北門跡に水が湧き出てきたのです。

馬場の跡地近くに湧き出した
北馬場柳の井戸

北門大井戸からまっすぐ西へ進むと、左側へ少しおりたところに**北馬場柳の井戸**が見えてきます。こちらも総堀の跡地にあり、埋め立てた後に湧き出た井戸。かたわらに柳の大木があることから、北馬場柳の井戸と呼ばれています。

馬場とは、馬の訓練をしていた場所のこと。松本城のまわりには柳の馬場（市役所の東の通り）、葵の馬場（松本神社の南の通り）と、この北馬場などいくつかの馬場がありました。お隣には駐車場もあり、しっかりと整備されている印象。総堀跡にあるこの駐車場の奥には土が盛り上がっており、土塁の名残があります。

馬出しの中にあった
東門の井戸

松本城から南東へ歩いて５分ほど、1887（明治20）年創業の松本ホテル花月の隣にある**東門の井戸**。東門跡は30メートルほど松本城方面へ戻った三代澤酒店の前あたりなので、井戸と東門はかなり離れた位置にあります。これは東門を出た先に「馬出し」と呼ばれる空間があったからなのです。

馬出しとは、お城の出入り口を守るためにつくられた曲輪（囲い）のこと。松本城の三の丸から東門を出ると、土橋が約32メートル続いた後に馬出しが広がっ

ていました。松本城に4ヶ所あった馬出しの中で最も広く、四方をお堀に囲まれている上、正面には土塁が盛られ、周囲からは見えないようになっていました。出入り口は南北に伸びていて、南側には番所もあったようです。古地図には東門から真っ直ぐ東に進んだ馬出しの中に井戸の記号が見られます。

松本市役所東庁舎側の総堀

お堀の土を盛った場所 上土町

そんな東門の井戸の南側に**上土町**(あげつちまち)があります。**総堀を掘る際に出た土を盛った場所を揚土(あげつち)と呼んだ**ことに由来していて、武家屋敷や牢獄、蔵などが立ち並んでいました。1913（大正2）年から1959（昭和34）年までは松本市役所の庁舎もあり、行政の中心地としても賑わった場所です。ゆるく湾曲したようにのびた通りには、白鳥写真館や上土劇場（元ピカデリーホール）など、昭和時代までの面影を感じさせる建物が残って

外濠小路

います。

また上土通りの西側、松本ホテル花月の傍にある小さな階段をくだった先に**外濠小路**（そとぼりこうじ）があります。総堀の名残りですが、なぜ「外濠」なのかは謎。今は大半が暗渠となっていますが、水はそのまま女鳥羽川まで続いています。よく見ると、道の左右で高低差があることに気づくはず！

信州さーもんのつぶやき

松本城下町で湧水巡りをしよう!

松本城下町を歩くときにぜひトライしてほしいのが、湧水巡り。平成の名水百選にも選ばれた湧水が20ヶ所ほど点在しているよ！マイボトルやペットボトルを持って歩けば、湧水の飲み比べも楽しめちゃうかも。インターネット上でもダウンロードできる「まつもと水巡りマップ」を用意しておくのがおすすめ。

東門の井戸にて

女鳥羽川の謎

女鳥羽川

明らかに当て字されたような、不思議なお名前だなあというのが、わたしの**女鳥羽川**(めとば)に対する第一印象でした。漢字や読み方からは意味を読み取れないので、余計に由来が気になります。「女鳥羽」のお名前はいつ誰が、どんな意味を込めて名づけたのか。残っている文献を参考に、分かる範囲で調べてみました。

美ヶ原高原へ抜ける武石(たけし)峠付近を源流とし、松本市街地を流れる女鳥羽川。田川、奈良井(ならい)川、犀(さい)川へと流れ、千曲(ちくま)川に合流します。きれいな水にしか生息できないホタルやカジカガエルなども見られる清らかで豊かな川。

江戸中期に松本藩がまとめた『信府統記(しんぷとうき)』によると、女鳥羽川には当時、上流と下流で２つのお名前がありました。上流の川名は**水汲川**(みずくま)、浅間温泉の西側には水汲橋があり、その辺りの地名も水汲です。

下流は**めとうだ川**と呼ばれました。「めとうだ」の由来はよく分かっていませんが、漢字に当てはめると「女堂田」が有力。堂田(どうだ)はお寺の管理している田んぼを意味しています。

『信府統記』によると、「女鳥羽」は**松本藩2代藩主の水野忠職(ただもと)が名付けた**とあります。忠職は江戸前期の1647(正保4)年から1668(寛文8)年の間に城主を務めていたので、「女鳥羽」もこの頃に付けられたお名前だと考えられます。しかし具体的にいつからお名前が変わったのか、なぜ漢字を「女鳥羽」にしたのかなどは謎に包まれています。

また松本市大村の玄向寺(げんこうじ)にある「めとばの滝」に由来しているという説もあります。ただし玄向寺の滝は女鳥羽川に続いていないので、どう関係があったのかは不明。

調べれば調べるほど謎が深まる女鳥羽川。ほかにも「武田信玄が松本城のお堀として利用するために川を90度曲げた説」なんかも面白いテーマなので、興味のある方はWEB版『Skima信州』の記事をご覧ください。

女鳥羽川沿いにある縄手通り

長野県の地名を語る上で、山や川のお名前は不可欠なもの。例えば日本一長い川は「信濃川」ですが、長野県に限っては「千曲川」の方が馴染み深く感じます。あまりの長さに上流と下流では異なるお名前で呼ばれていました。ではそんな「千曲川」の名前の由来とは…？　このページではそんな長野県を織りなす山や川のお名前の由来を集めました。

浅間山（あさまやま）

軽井沢から見た浅間山

浅間山は長野県（軽井沢町、御代田町、小諸市）と群馬県（嬬恋村）にまたがる活火山です。標高は2,542メートル。佐久地域のどこにいても神秘的な雄大さに目を奪われます。「浅間」の呼び方は古来よりほぼ変わりありませんが、まれに「朝間」や「麻間」の記載も見られました。

「浅間は殊に活火山」と詠われる通り活火山で、度々大きな噴火を起こしています。中でも史上最大級といわれるのは、1783（天明3）年に起こった「浅間山大噴火（天明の浅間焼け）」。この時発生した火砕流や土石なだれにより特に被害を受けたのが鎌原（かんばら）村（現群馬県嬬恋村）。村が丸ごと飲み込まれ、人口570名のうち死者477名という大惨事となりました。

ちなみに浅間山から北に4キロほどの場所にある「**鬼押出し**」はこの噴火によって流出した溶岩で形成されており、溶岩が押し流されていく様子を見た当時の村人たちが「**まるで鬼が暴れて押し出したようだ**」と表現したことから名付けられたそうです。

御嶽山（おんたけさん）

御嶽山は長野県と岐阜県にまたがる火山です。頂上には御嶽神社があり、古来から信仰の山として知られています。最高峰の剣ヶ峰（けんがみね）（標高3,063メートル）を中心に、摩利支天（まりしてん）、継母岳（ままははだけ）、継子岳（ままこだけ）などの外輪山を従えています。

古くは「王嶽（おうだけ）」と呼ばれていたらしく、「王滝（おうたき）」も同じ意味があります。木曽地域の「王滝村」は古い山名が由来で、江戸時代の古文書には「おのたけ」「おのたけ村」「王之滝村」などと出てきます。「王嶽」の由来は、修験道の本山

御嶽神社へ

「金峰山（きんぷせん）」の「金の御嶽（かねのみたけ）」にならって「**王の御嶽（おうのみたけ）**」と尊称していたもの。

「王嶽」がいつ頃から「御嶽（おんたけ）」に変わったかははっきりしていませんが、江戸初期には「御嶽」の漢字を「みたけ」とは読まず、「おんたけ」と読むようになっていたものと考えられています。

乗鞍岳（のりくらだけ）

乗鞍岳は長野県（松本市）と岐阜県（高山市）にまたがる標高3,026メートルの剣ヶ峰を主峰とする火山の総称です。周囲には摩利支天（まりしてん）、富士見岳、朝日岳など多くの諸峰があり、広大な裾野が広がっています。日本百名山の中では比較的登りやすい山として知られており、標高2,702メートルの畳平まではバスが通っています。

古くは「大山」とか「御岳（みたけ）」のように即自的な呼び方をしていたようですが、江戸初期には「乗鞍岳」の記述が見られます。「乗鞍」は山の形が馬の鞍に似ているところから命名されたもの。別名は「**位山（くらいやま）**」といい、中腹には位ヶ原（くらいがはら）という地名があります。「くら」とは神が降り立つ「磐座（いわくら）」を意味し、古くは登山も許されない神の宿る山でした。

乗鞍岳畳平

千畳敷カール

駒ヶ岳

駒ヶ岳は中央アルプス（木曽山脈）の主峰で、木曽地域と上伊那地域の境に位置しています。標高2,956メートル。南アルプス（赤石山脈）北端の甲斐駒ヶ岳と区別するため、**木曽駒ヶ岳**とも呼ばれています。山頂東側には氷河地形の「千畳敷カール」があり、畳千畳分の広さがあるといわれています。

駒ヶ岳は山の形や残雪の形、雪解けによる岩肌の形などが馬に似ていることから名付けられました。駒ヶ岳に馬の形が見えてくると種まきのタイミングであるといわれ、昔から農事との関わりも深かったようです。

犀川

犀川

犀川は長野県中央部から北へ流れ、千曲川と合流します。中央アルプスの茶臼山を源流とする奈良井川に、北アルプスの槍ヶ岳付近を源流とする梓川が合わさり、さらに梓川と源流を同じくして分れていた高瀬川と合流します。犀川は奈良井川との合流地点から千曲川に注ぐまでの名前。

千曲川と同じく「犀川」も漢字は後から定まりました。『平家物語』には「佐撑川」または「サ井川」と記されています。その後の文献をたどると犀川は少なくとも中世末期には「犀川」に固まったようです。

また犀川の地名伝説として「泉小太郎伝説」があります。まだ松本平が一面の湖だった頃、その湖の主人である犀竜という女の竜が住んでいました。彼女は湖の辺りに住む(※ 諸説あり)白竜との間にできた男の子を泉小太郎と名付けます。犀竜は小太郎に「私は諏訪大明神の化身です。この地の人々を豊かにするため、湖をやぶって平野をつくるのです」といい、小太郎を背に乗せて巨大な岩をいくつもくだきました。湖の水は越後の海まで流れ、その川は今でも犀川と呼ばれています。

千曲川

千曲川は日本一長い川「信濃川」の上流部分にあたる、長野県内での名称です。標高2,483メートルの甲武信岳を源流とし、犀川と合流して新潟県へと北流して日本海へ注ぎます。全長367キロメートルあるうち、6割弱にあたる214キロメートルが千曲川と呼ばれています。

「信濃川」は文字通り信濃国から流れてくる川という意味で、新潟県側からの呼ばれ方です。では「千曲川」にはどんな由来があるのか、実は確かなことは分かっていません。「千曲」から「たくさん蛇行している川」とイメージできますが、漢字が当てられたのは川名ができてしばらく経ってからのこと。文献上では『万葉集』の中で「信濃なる筑摩の川の・・」と歌われたのが初めです。ほかにも「筑摩河」「血熊河」「ちくま川」と表記はバラバラ。「千曲川」に統一され始めたのは、近世になってからのようです。

千曲川

木曽川

木曽川は松本地域と木曽地域の境に位置する鉢盛山を水源とする**味噌川**と木祖村の笹川山の渓谷から流出する笹川が合流した地点から「木曽川」と呼ばれます。河岸侵食によって生まれた名勝「寝覚の床（詳細は69頁）」をはじめ、奇岩絶景の美しさで知られています。

木曽川の由来は周辺の地名である「木曽」からきていると考

木曽福島

えられますが、『平家物語』には「木曽路川」とあり、その他「吉蘇川」「岐蘇川」などの呼称もみられます。さらに場所によって広野川、鵜沼川、境川、墨俣川、美濃川、尾張川などとも呼ばれていたようです。「木曽」自体の地名の由来ははっきりしませんが、木曽川の侵食によって形成された約60キロメートルに及ぶV字谷状地形に由来しているのではないかと思います。

天竜川（てんりゅうがわ）

天竜川は諏訪湖を水源とし、伊那谷を南に縦断して愛知県と静岡県を通り、遠州灘に注いでいます。また飯田市の名勝「天竜峡（天龍郷）」は天竜川の河岸侵食によってつくり出された南北2キロメートルにわたる渓谷で、新緑や紅葉の美しい人気の観光スポットです。2019（令和元）年には「**そらさんぽ天竜峡**」もオープンし、天竜峡上で空中散歩を楽しむことができます。

「天竜川」の初見は南北朝時代の1335（建武2）年、『太平記』の中で「天竜河」と記されています。水流が激しく水害の多かった天竜川。その由来は流れる水の様が竜が天に昇っていくようだからとか、水源

天竜川

である諏訪湖にいる竜神からきているとかいわれています。

野尻湖

信濃町の中心にある**野尻湖**は諏訪湖に次いで、長野県で2番目に面積の大きい湖です。ナウマンゾウの化石が出土することから、近くには博物館もある歴史深い湖。遊覧船やボート、カヌーに釣りなどさまざまなアクティビティが楽しめる観光スポットでもあります。野尻湖の真ん中に浮かぶ琵琶島には宇賀神社という神社があり、御朱印をいただくことができますよ。

長野県の最北端にあることから「**信濃尻湖**」と呼ばれていたものが短略化して「野尻湖」になりました。また沿岸線が芙蓉の花びらのように見えることから、**芙蓉湖**とも呼ばれています。

野尻湖

ぽぉ
飯田人形劇フェスタのマスコ

飯田のりんご並木の妖精です。

ご当地キャラの多さは長野が全国でもピカイチ。

各市町村、イベントなど、さまざまなシーンで登場する長野県のご当地キャラクター。ここにご紹介するのはほんのごく一部ですが、応援隊としての存在感は増すばかり。

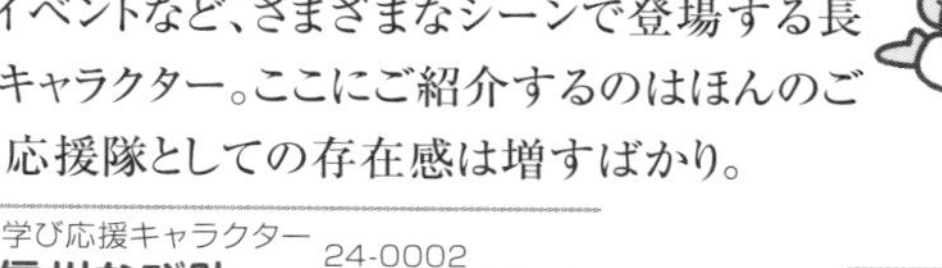

かやちゃん
岡谷童画館通り商店街

岡谷シルクにちなんだ特徴を持つ商店街の妖精

学び応援キャラクター
信州なび助
24-0002
©長野県教育委員会

長野県の公式観光キャラクターとして活動後、2019年から教育委員会のキャラクターとして活動しています。

みやさん
宮田村イメージキャラクター

宮田村誕生60周年を記念して村内の中学生と有志グループの方々との協働から誕生した犬の妖精。

アルクマ ©長野県アルクマ24-0018
長野県PRキャラクター

全国的にもおなじみの、信州お国自慢のキャラクター。信州をクマなく歩くことが特技です。

ねずこん 坂城町応援キャラクター
6坂商第18-3

町の特産品「ねずみ大根」から生まれました。
好きな食べ物＝おしぼりうどん

みずん
安曇野市農業再生協議会

安曇野の農産物を応援するキャラクター。いろんな農産物と仲間になるのが得意です。

まっくん 南箕輪村キャラクター

大芝高原で生まれたアカマツの妖精。
まつぼっくりのイメージです。

ナスキー 野沢温泉スキー場

みんな大好き野沢菜！
ナスキーの「ナ」は野沢菜の” ナ”、「スキー」はもちろん趣味のスキーから。

セロリン 原村のマスコット

セロリーの生産高日本一
そんな原村のマスコットキャラクターなんです。

おおまぴょん 大町市キャラクター

北アルプスの出身
かもしかをイメージしたよ。

白馬村キャラクター
ヴィクトワール・シュヴァルブラン・村男Ⅲ世
フランス語で「勝利の白馬」の意味です。
えのたん
JA中野市のキャラクター
キノコ王国の王子様。
えのたん、しめじっちゃん、エリンくん、にこちゃんなど、キノコの仲間がたくさん。
めん子ちゃん
信州新町観光協会のキャラクター
信州新町のめん羊（サフォーク）をイメージ。
122
アルプちゃん
松本市のマスコットキャラクター
松本城も応援しています。
真田幸丸
上田市のPRキャラクター
真田三代（幸隆・昌幸・幸村）の里・信州上田」を広く世界にアピールしています。
信州上田
あん姫
千曲市キャラクター
千曲市にあんずを広めたとされる豊姫をイメージして誕生した女の子。
レタ助
川上村のキャラクター
川上犬と特産品レタスの合体だよ。
野菜王国のキャラなんだ。
こまかっぱ
駒ヶ根市PRキャラクター
中央アルプスをイメージした帽子が特徴です。
KOMAGANE
飯山市
野沢温泉村
木島平村
栄村
小谷村
信濃町
飯綱町
中野市
山ノ内町
白馬村
小布施町
小川村
高山村
長野市
須坂市
大町市
千曲市
麻績村
生坂村
坂城町
松川村
池田町
筑北村
東御市
青木村
上田市
軽井沢町
安曇野市
小諸市
御代田町
立科町
松本市
佐久市
長和町
山形村
佐久穂町
朝日村
下諏訪町
塩尻市
小海町
岡谷市
北相木村
茅野市
木祖村
諏訪市
南相木村
辰野町
南牧村
原村
川上村
箕輪町
富士見町
木曽町
南箕輪村
伊那市
王滝村
宮田村
上松町
駒ヶ根市
大桑村
飯島町
中川村
松川町
南木曽町
高森町
豊丘村
大鹿村
喬木村
阿智村
飯田市
下條村
泰阜村
平谷村
阿南町
売木村
根羽村
天龍村

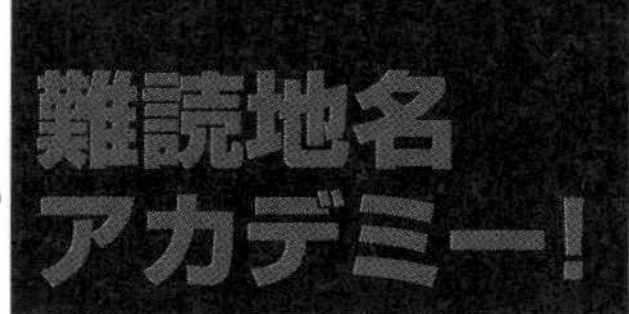

1 芝生田【小諸市滋野甲】
2 糠地【小諸市滋野甲】
3 六供【小諸市】
4 御馬寄【佐久市】
5 川端下【川上村】
6 発地【軽井沢町】
7 面替【御代田町】
8 鹿教湯温泉【上田市】
9 越戸【上田市】
10 出場【東御市】
11 新張【東御市】
12 鎮【岡谷市長地】

13 上馬場【下諏訪町】
14 愛宕町【飯田市】
15 鼎一色【飯田市】
16 龍江【飯田市】
17 駄科【飯田市】
18 千栄【飯田市】
19 馬場町【飯田市】
20 荊口【伊那市高遠町】
21 美篶【伊那市】
22 高尾【飯島町】
23 上(下)半堀【阿智村浪合】
24 小戸名【根羽村】

25 初入【根羽村】
26 向黒地【根羽村】
27 見帰【上松町】
28 上段【南木曽町】
29 大野正兼【南木曽町】
30 十二兼【南木曽町】
31 万郡【木曽町福島】
32 尾尻平【木曽町三岳】
33 上垂【木曽町三岳】
34 越立【木曽町三岳】
35 栩山【木曽町三岳】

こたえ

1 シボウタ
2 ヌカチ
3 ロック
4 ミマヨセ
5 カワハケ
6 ホッチ
7 オモガエ
8 カケユオンセン
9 コウド
10 デバ
11 ミハリ
12 シズメ
13 カミバッパ
14 アタゴチョウ
15 カナエイッシキ
16 タツエ
17 ダシナ
18 チハエ
19 ババンチョウ
20 バラグチ
21 ミスズ
22 タコオ
23 カミ（シモ）ハンボレ
24 オドナ
25 ショニュウ
26 ムカイクロジ
27 ミカリ
28 ウワダン
29 オオノショウガネ
30 ジュウニガネ
31 マンゴオリ
32 オシッペ
33 カミダレ
34 コイタチ
35 トチヤマ

わかるかっちゃ

はよやらず

名に秘められた物語 ゾクゾクと

信州
おなまえ旅

地名巡礼

望月
もちづき

「望月」さん発祥の地!なぜ「もちづき」と読むの?

長野県内の「宿場町」めぐりをしている時に出会った、中山道二十五番目の「望月宿(もちづきしゅく)」。名字の「望月さん」発祥の地だと知り、その由来を訪ねました。そもそも何故、望月と書いて「もちづき」と読むのでしょうか。

佐久市望月支所にある「望月の駒」

朝廷直轄の牧場地「御牧(みまき)」

旧望月町（佐久市）や旧御牧村（東御市）のあたりには古代、雄大な牧場が広がっていました。長野県で軍馬が育てられ始めたのは古墳時代中期（5世紀）、ヤマト王権の時代まで遡ります。古来から日本にいた“ウマ”は小柄で、軍馬には不向きでした。そこで朝鮮半島から馬を輸入し、繁殖・飼育の技術を持っている高麗人を招いたのです。

この時に軍馬の生産地として信濃国が選ばれ、望月のほか、現在の中野市や伊那市など広範囲に「牧（軍馬の飼育を目的とする牧場）」が出来ました。大化の改新を経て700年には律令政府の管理する官設の「国牧」となったのです。

朝廷に献上する馬を養成する牧場を「**御牧(みまき)**」と呼びます。御牧原は平安時代から鎌倉時代の初めまで、400年以上も朝廷の馬を養成した場所でした。

満月の日に行われた御馬の献上

和歌の歌枕としても度々登場する「御牧」や「御馬」ですが、なぜそれほど有名な場所になったのでしょうか？実は**「望月の駒」は宮中の大事な行事に欠かせないもので、秋の風物詩でもあった**のです。

都に献上された馬を逢坂山（滋賀県大津市）で迎える行事を「駒迎」、その馬を宮中で披露する行事を「駒牽」とよびました。東の遠い国から献上される立派な馬は権力の象徴でもあり、都にとって大事な行事のひとつだったのです。「望月の駒」といえば、紀貫之の歌も有名です。

逢坂の関の清水にかげ見えていまや引くらむ望月の駒

紀貫之

「望月の駒」の歌は信濃国の望月ではなく、逢坂山の駒迎や駒牽を詠んだものがほとんど。こうして「望月の駒」の名は秋の歌枕として広く世に知られることとなりました。

なぜ「望月」と書いて「もちづき」と読むのか

「望月」は**信濃の御馬を献上する日が8月15日の満月の日だった**ことに由来します。いつしか「望月牧」という名称が文献に使われ出し、地名にもなったといわれています。

なぜ「望月」と書いて「もちづき」と読むのでしょうか。「**もちつき**」は「みちつき」、つまり満月を意味しています。月の満ち欠けをもとに日数を数える「太陰暦」では**満月のことを「望」と読んだ**ことから、「満月＝望月」となり、もちづきと呼ばれているのです。

御牧に残る「野馬除」

望月牧の面影を残す遺跡に長野県東御市旧御牧村の「**野馬除**」があります。馬が逃げないように土手や柵をつくり、その手前には溝があったようです。この柵は断崖などの自然の障壁以外の場所、およそ38キロメートル以上にわたってつくられました。

実は「望月牧」がいつ頃できて、どうやって衰退したのかはまだ詳しく分かっていません。野馬除もまだ発掘段階ではありますが、東御市を中心にいくつか遺跡が見つかっています。

望月の名物「駒月みそかつ丼」を食す

望月を歩いていると、いたるところで**駒月みそかつ丼**の文字を目にします。**古くから望月周辺で栽培されていた雁喰豆を復活させ、雁喰味噌**を**使ったみそかつ丼**なのだそう。

今回は錦食堂さんの卵とじ＋味噌ソースハイブリッド型をいただきました！平日の昼間でも12時頃には満席になり、愛され続ける老舗店だと分かります。肝心の駒月みそかつ丼は、引き締まった分厚いお肉にしっかりとした衣と、ご飯が止まらない濃い目のソースが相性バツグンでした。

信州さーもんのつぶやき

望月歴史民俗資料館に行こう!

望月の歴史や民俗について学ぶなら、佐久市立 望月歴史民俗資料館がおすすめ！中山道 望月宿本陣跡の隣にあって、旧石器時代の遺跡から昭和時代の生活具までいろんな史料が展示されているよ。

望月歴史民俗資料館

発祥の地を探る

早起き野球

いまや全国に普及してどこでも普通に見られるようになった早起き野球。そのルーツは長野県にあります。健康と親睦を合言葉に、1964（昭和39）年に「長野市早起き野球連盟」が結成されたのが始まりです。初代会長鈴木登氏の呼びかけで、1969（昭和44）年に長野県連盟を、1981（昭和56）年には全日本協会が設立されました。こうしてただ野球が好き、野球を楽しみたいというきっかけで生まれた早起き野球が、全国に広まっていきました。

2021（令和3）年10月に、長野オリンピックスタジアムに「早起き野球発祥の地」の記念碑が設置されています。

スキー修学旅行

学校行事としての修学旅行の始まりは明治時代で、東京師範学校がその言葉を最初に使い始めたそうです。

時は下って、1970（昭和45）年、神戸市立神港高等学校二年生356名が栂池高原でスキー訓練を主体とした修学旅行を行いました。それがいわゆる「スキー修学旅行」のはじまりではないかと言われています。一時期、県内のスキー場でたくさん見られたスキー修学旅行も、旅行の多様化で少なくなりましたが、長野県内のスキー場では相変わらずアオやアカの、同じスキーウェアに身を包んだ中高生がゲレンデを彩っています。

栂池高原 鐘の鳴る丘ゲレンデすぐ下にはスキー修学旅行発祥の地の石碑も建っています。

まじか

信州
おなまえ旅

地名巡礼

『もののけ姫』キャラのモデルになった富士見町のお名前

エボシ、コウロク、オッコト。富士見(ふじみ)町には、映画『もののけ姫（1997）』に登場するキャラクター名のモデルとなった地名があるのをご存知ですか？

八ヶ岳と南アルプスにはさまれ、天気の良い日にはお名前の通り、富士山がきれいに見られる富士見町。晴天率も高く、東京からのアクセスも良いため観光地としても人気のスポットです。

『もののけ姫』の監督である宮崎駿さんは、富士見町誌を読み込み、井戸尻(いどじり)考古館へ通い、町内に別荘を持つほどの富士見町フリーク。井戸尻考古館で開催された講演会の様子を書籍にまとめた『甦る高原の縄文王国（言叢社）』の中に、宮崎駿さんが登壇された内容も収録されていました。とても面白い内容なのでぜひ読んでみて欲しいのですが、その中で地名の面白さにも触れています。

> 乙事(おっこと)という村も非常に興味深いんですが、だいたい乙事という字が、おもしろいですね。ぼくはある映画で巨大なイノシシに乙事主という名前を勝手につけちゃいましたけど、別にあそこにイノシシがいるからではないんです。乙事というのは不思議です。（中略）かつて乙骨（おつこつ）といっていた。これもわからない。ぼくが調べた本の範囲ではわかりません。なんで骨がつくのか。
>
> 『甦る高原の縄文王国（言叢社）』より

日本遺産にも登録された約5,000年前の井戸尻遺跡や、甲州街道・蔦木(つたき)宿など歴史や文化のある富士見町。各所に遺跡や史跡、考古館などがあります。絶景だけではない、こうした魅力が宮崎駿監督のお気に入りとなった理由のひとつかもしれません。

烏帽子(えぼし)

たたら場の主で、サンとは敵対関係にある**エボシ御前**。富士見町落合にある烏帽子という地名に由来しています。烏帽子の由来はこの地区にある「烏帽子池」。池の形が烏帽子のように見えることから名付けられたそうです。

甲六(こうろく)

牛飼いでおトキの夫でもある**甲六**。富士見町には甲六川が流れ、近くには甲六公園があり、山梨県との県境に流れています。牛飼いの甲六は、甲六川が由来になっていると監督自身が明言しています。

乙事(おっこと)

九州からエボシ御前を倒すために海を渡ってきたイノシシ神の**乙事主**(オッコトヌシ)。明治時代までは乙事村という集落があり、元は「**乙骨**(おつこつ)」だったそうです。「あちこち」のもととなった「遠近(おちこち)」が語源だともいわれていて、いろんなところから人が集まってできた集落だったのではないかということです。名字の乙骨さん発祥の地でもあります。

ジコボウ

地名ではありませんが、帝の許可を得てエボシ御前にシシ神退治をそそのかすジコ坊のお名前も信州に由来しています。カラマツ属の樹下に生えるハナイグチ(花猪口)というキノコ

は、長野県の方言でジコボウ（時候坊/リコボ/リコボウ）と呼ばれているのです。漢字の通り、時節を知らせてくれるキノコです。よく見ると、彼の履いている高下駄がキノコのように見えなくも…ないかもしれません。

信州さーもんのつぶやき

映画『風立ちぬ』や『千と千尋の神隠し』にも登場？

富士見町には『もののけ姫』のほかにも、ジブリ映画の舞台となっている場所があるんだ！『**風立ちぬ**（2013）』でヒロインの菜穂子が療養する「富士見高原療養所」。当時の建物は取り壊されてしまったけど、富士見高原病院として今でも活躍しているよ。映画のモデルのひとりになった堀辰雄とその妻・矢野綾子が実際に療養した場所でもあるから、気になる人は小説『風立ちぬ』を読んでみてね！

ほかにも『**千と千尋の神隠し**(2001)』冒頭で、主人公の千尋が乗る車から富士見町の地名「とちの木」が書かれた標識が描かれているよ！これは実際にある標識とすごく似ているから、要チェック！

足し算された地名たち

地名の由来にはさまざまありますが、中でも特殊なのが地名と地名を掛け合わせてつくられた「足し算地名」。ここでは意外な組み合わせからつくられた足し算地名をいくつかご紹介します。

高山村（たかやま） 高井村＋山田村

高山村は1871（明治4）年頃まで、高井野村・黒部村・牧村・駒場村・中山田村・奥山田村の６つの村でした。その後何回か合併を繰り返し、高井村と山田村の２村になります。1956（昭和31）年に**高井村と山田村が合併して高山村**ができました。

東御市（とうみ） 東部村＋北御牧村

東御市は2004（平成16）年に東部町（とうぶまち）と北御牧村（きたみまきむら）が合併して誕生しました。**東部町の「東」と北御牧村の「御」を足し算してできた地名**です。

佐久穂町　佐久町＋八千穂村

2005（平成17）年に佐久町と八千穂村が合併してできました。**佐久町の「佐久」と八千穂村の「穂」を足し算してできた地名**です。

ちなみに佐久穂町には一部飛地として、佐久市（旧臼田町）になっているエリアがあります。これは1959（昭和34）年に佐久町と臼田町の合併（編入）が協議された際、反対票が上回った地区のみ臼田町として残ったため。

豊科（とよしな） 鳥羽＋吉野＋新田＋成相 ｜ 安曇野市

豊科は安曇野市にある地名です。2005（平成27）年までは「豊科町」という自治体だったので、聞き覚えがある方も多いかもしれません。1874（明治7）年に上鳥羽村・下鳥羽村・吉野村・成相町村・成相新田町村・本村が合併して「豊科村」となりました。

豊科のお名前は**「鳥羽（とば）・吉野（よしの）・新田（しんでん）・成相（なりあい）」の頭文字を足し算してできたお名前**です。「科（しな）」のつく地名は県内にたくさんありますが、豊科はその中でも特殊なパターンですね。

長和町（ながわ） 長門町＋和田村

長和町は2005（平成17）年に長門町（ながとまち）と和田村が合併して誕生しました。**長門町の「長」と和田村の「和」を足し算した地名**です。

ちなみに長門町も足し算地名。1956（昭和31）年に長久保新町（ながくぼしんまち）と長窪古町（ながくぼふるまち）、大門村が合併して誕生しました。**長久保新**

町と長窪古町の「長」と大門村の「門」を足し算した地名です。

赤穂　赤須村＋上穂村｜駒ヶ根市

赤穂は現在の駒ヶ根市にある地名です。1875（明治8）年に赤須村と上穂村が合併して誕生しました。**赤須村の「赤」と上穂村の「穂」を足し算した地名**です。1954（昭和29）年に赤穂町と宮田町、中沢村、伊那村とが合併して駒ヶ根市となりました。

読書　与川村＋三留野村＋柿其村｜南木曽町

難読地名にも数えられる南木曽町の「読書（よみかき）」。1874（明治7）年に**「与川村、三留野村、柿其村」の頭文字をとって「読書村」**と名付けられました。

大鹿村　大河原村＋鹿塩村

天竜川の東側にある大鹿村。1875（明治8）年に大河原村と鹿塩村が合併して誕生しました。**大河原村の「大」と鹿塩村の「鹿」を足し算した地名**です。「大河原」と「鹿塩」は歴史書『吾妻鏡』の中で1186（文治2）年に登場することから、たいへん古い地名であることが分かります。

ちなみに「大河原」は小渋川と青木川沿いにあることから、川に由来する地名のようです。鹿塩の由来には諸説ありますが、この辺りでとれる、塩分を含んだ湧水に関係していると思われます。近くにはほかにも、塩川や塩原など「塩」のついた地名が20ヶ所ほど点在しています。

難読地名アカデミー! 中級編 2

36 衣外【松本市 和田】
37 厩所【松本市 入山辺】
38 御母家【松本市 里山辺】
39 兎川寺【松本市 里山辺】
40 惣社【松本市】
41 征矢野【松本市】
42 渕東【松本市 波田】
43 上海渡【松本市 波田】
44 水汲【松本市】
45 洗馬【塩尻市】
46 贄川【塩尻市】
47 古厩【安曇野市 穂高有明】

48 温【安曇野市 三郷】
49 女渕【麻績村 麻】
50 叶里【麻績村 麻】
51 御判形【山形村】
52 上手村【山形村】
53 乱橋【筑北村】
54 上手方【筑北村 坂北】
55 借馬【大町市 平】
56 外堀【大町市 平】
57 簗場【大町市 平】
58 中鵜【池田町】
59 通【白馬村】

60 日下野【長野市 鬼無里】
61 有旅【長野市 篠ノ井】
62 住良木【長野市 中条】
63 御山里【長野市 中条】
64 馬喰町【長野市 松代町松代】
65 幸高【須坂市】
66 杭瀬下【千曲市】
67 中子塚【小布施町】
68 富濃【信濃町】
69 其綿【飯山市】
70 横落【野沢温泉村】

36 イゲ
37 マヤドコロ
38 オボケ
39 トセンジ
40 ソウザ
41 ソヤノ
42 エンドウ
43 カミガイト
44 ミズクマ
45 セバ
46 ニエカワ
47 フルマヤ
48 ユタカ
49 オナブチ
50 カノリ
51 ゴハンギョウ
52 ワデムラ
53 ミダレハシ
54 ワデガタ
55 カルマ
56 トボリ
57 ヤナバ
58 ナカウ
59 カヨウ
60 クサガノ
61 ウタビ
62 スメラギ
63 ミヤマサ
64 バクロマチ
65 コウタカ
66 クイセケ
67 チュウシヅカ
68 トミノ
69 ソノワタ
70 ヨコチ

墨坂

sumisaka

須坂の鍵を握る「墨坂」の由来は奈良県にあり!

蔵づくりの建物が多く残る「蔵の町」として人気の須坂市。善光寺と高崎（群馬県）などを結ぶバイパスとして重要な脇街道であった大笹（おおざさ）街道や、稲荷山（長野県千曲市）と飯山城下（長野県飯山市）を結ぶ谷街道が通る交通の要衝としても知られています。古くから営む酒造場や味噌屋さんだけでなく、リノベーションして生まれ変わったお店も増えているんですよ。趣深い蔵が並ぶ須坂はまち歩きにもおすすめ！

そんな「須坂（すざか）」の歴史は古く、室町時代には**墨坂**（すみさか）と呼ばれていました。須坂市に現存する延喜式内社の墨坂神社が由来だといわれています。江戸期になると**須坂村**になっており、「すみさか」から「すざか」へと訛っていったものだと考えられています。

　では「墨坂」とはどういう意味で、何に由来しているのでしょうか？今回は須坂の鍵を握る「墨坂」の由来について考察していきます。

須坂の由来になった「墨坂神社」とは？

　墨坂神社は、平安時代に書かれた新抄格勅符抄（しんしょうきゃくちょくふしょう）によると、781（天応元）年に朝廷からの寄進を請けて建てられました。また芝宮墨坂神社の社伝には、現在奈良県宇陀（うだ）市にある墨坂神社から647（白鳳2）年に勧請されたとあります。

　須坂の由来となったとされる「墨坂神社」は現在２カ所にあります。「芝宮墨坂神社」と「八幡墨坂神社」と呼び分けられ、いずれも延喜式内社論社となっています。どちらの墨坂神社も墨坂神をお祀りしています。

　ではこの墨坂神とはどんな神様なのでしょうか？

奈良県宇陀市の「墨坂神社」との関係

　墨坂神社は奈良県宇陀市榛原（はいばら）の墨坂という場所にあり、1449（文安６）年に現在の場所へ移動してきたようです。その社伝による

芝宮墨坂神社

八幡墨坂神社

と、墨坂神社は猛威を振るった大和のはやり病に心を痛めた第10代・崇神天皇が、この疫病を鎮めるため墨坂の神と逢坂の神を祀り創建されたそうです。

また「墨坂神」というのは一柱の神様を指すものではなく、総称であるということ。**天御中主神**（あめのみなかぬしのかみ）、**高皇産霊神**（たかむすびのかみ）、**神皇産霊神**（かんむすびのかみ）、**伊邪那岐神**（いざなぎのかみ）、**伊邪那美神**（いざなみのかみ）、**大物主神**（おおものぬしのかみ）の六柱を総称して**墨坂大神**（すみさかのおおかみ）となっています。

「墨坂」の由来は賊軍による「山焼き」の故事から

墨坂神が総称であり、健康にご利益のある神様だということがわかりました。さらに調べてみると、「墨坂神社」や「墨坂神」の由来は奈良県宇陀市榛原という場所にある地名だということも見えてきます。

奈良県の伊勢本街道沿いに「墨坂伝承地」なるものがあります。日本書紀によると、神武天皇が東征する際、賊軍がそれを阻止しようと「いこり炭（山焼きの意味）」を用いた場所なのだそう。神武天皇は高倉山からその様子を見ており、菟田野（うたの）川の水をもっていこり炭を消火し、不意を突いて勝利しました。墨坂の由来はこの故事によるもの。

信濃町

shinanomachi

なぜか東京にもある「信濃町」の秘密

ずっと気になっていたことがありました。東京にはなぜ信濃町(しなのまち)があるのでしょうか。野尻湖のある信濃町と同じ名前なのは偶然であるにしろ、信濃国（長野県）とのつながりはあるのだろうか。WEB上で調べてみるとその疑問はすぐに解決されましたが、せっかくなので信濃町を歩いてみることにしました。

信濃守を務めた永井尚政の屋敷があった信濃町

信濃町駅

信濃町は新宿区の南部にあり、JR中央線の信濃町駅があります。永井信濃守屋敷と呼ばれたお屋敷は、信濃町駅あたりに位置していました。

結論から述べると、**信濃町（東京都）の地名は江戸時代、この地に信濃守（しなののかみ）を務めた永井尚政（ながいなおまさ）の下屋敷があったことに由来**しています。信濃守とは今でいう知事のような役職ですが、実際に信濃国を治めていたかというとそうではありません。あくまで幕府から与えられた官職名のようなもので、信濃国とは関わりがなかったようです。

信濃守 永井尚政とは？

隅研吾デザインによる現在の一行院

信濃守を務めた永井尚政の父・直勝は若い頃から徳川家康の家臣として活躍しました。豊臣秀吉と争った長久手の戦いでは、織田家重臣の池田恒興（つねおき）の首を取って勝利を収め、小田原の戦いにも家康の家臣として出陣しています。1600（慶長5）

永井尚政像（興聖寺蔵）

年の関ヶ原の戦いでは直勝、尚政ともに出陣し、勝利をおさめました。そして**1605（慶長10）年に直勝が信濃守に任命**され、直勝の死後に尚政が家督を継ぐこととなります。

信濃町駅の裏手には一行院（いちぎょういん）という大きなお寺がありますが、永井尚政の父・直勝の創建です。**僧侶になった家臣のために、お屋敷の一部に一行院を建立**しました。直勝の没後は、その菩提を弔うために千日を単位とする万日回向の常念仏が行われるようになったことから千日寺と名付けられます。今でもこの辺りが「千日谷」と呼ばれ、坂には「千日坂」と名付けられているのはこのような由来があったのです。ちなみに現在は隈研吾デザインによるおしゃれなつくりになっています。

長野県から全国、そして世界へと進出する企業たち。信州ブランドとして名を馳せるものから、これって**長野県発祥だったの?**と驚くものまで。信州企業のお名前の由来や歴史をまとめました。

(各社の名称は通称名で表記しています)

1 善光寺お墨付き 根元 八幡屋礒五郎（やわたやいそごろう）（長野市）

江戸中期より善光寺門前にて七味唐辛子の販売を続けてきた**八幡屋礒五郎**。東京浅草のやげん堀、京都の七味家本舗と共に日本三大七味と呼ばれ、善光寺だけでなく信州のお土産として定番の商品となっています。当時より御高札前に店を張り、善光寺のお墨付きを得ていました。1952 (昭和27) 年

町を走る八幡屋礒五郎の宣伝カー

に現在の大門町へと移転し、門前の一等地に店を構えることとなったのです。

そんな八幡屋礒五郎のお名前は、初代の室賀勘右衛門に由来しています。商いでは磯五郎を名乗っていました。さらに室賀氏の源流は清和源氏であるため、源氏の頭領である源頼朝が崇敬した八幡宮から「八幡」を屋号にしています。こうして八幡屋礒五郎となりました。

❷ きのこ業界の星となれ!
ホクト（長野市）

きのこの生産・販売からきのこ菌の研究・開発までを行い、全国トップのきのこ生産量を誇るきのこ総合企業の**ホクト**。おいし〜いきのこはホ・ク・ト♪のCMソングを思い出す長野県民は多いはず。

そんなホクトのお名前は北斗七星に由来しています。北斗七星の柄杓の柄の先端部分には揺光（ようこう）と呼ばれる星があり、1日に12方向を示すことから、昔はこの星を見て時間を測ったそうです。ホクトには揺光のように「きのこ業界をリードし、指針として仰がれる企業」という意味が込められています。

©2002HOKUTO／H／T

③ 大ヒット商品に願いを込めて
セイコーエプソン（諏訪市）

セイコーエプソンは長野県諏訪市に本社を置く電機メーカーです。1942（昭和12）年にセイコーエプソンの前身である（有）大和工業が創立しました。1968年には子会社の諏訪精巧舎が世界初のミニプリンター「EP(Electric Printer)-101」を開発し、大ヒットを記録します。

1975（昭和50）年にはエプソンブランドが制定されました。EPSONの由来はEP（エレクトリック　プリンター）+SON（息子）、大ヒットしたミニプリンターの息子になるような製品を生み出し続けたいという願いが込められています。

④ 飯田城下の綿屋さんから
綿半（飯田市）

1598（慶長3）年に飯田城下で綿屋として創業した**綿半**（わたはん）。当主は代々**綿屋半三郎**を襲名していたことから屋号となり、現社名の由来にもなっています。明治初期には金物屋に転換しました。1945（昭和20）年に飯田市を本社とする野原合名会社、1947（昭和22）年に東京都中央区を本社とする野原産業株式会社を設立。1949（昭和24）年に野原産業株式会社飯田営業所を分離独立し、株式会社綿半銅鉄金物店が誕生しました。これが現在の綿半ホールディングス株式会社の前身です。

5 橘生薬品、読めるかな?

キッセイ薬品（松本市）

医薬品や物資が不足する中、1946（昭和21)年に松本で生まれた株式会社**橘生化学研究所**（たちばなせいかがく）。橘生薬品は当初「タチバナショウヤクヒン」の読み方が正式でしたが、「○○生薬品」の社名がほかになかったことから、通り名として「キッセイヤクヒン」と呼ばれていました。

そこで翌年の1947（昭和22)年に橘生薬品（きっせいやくひん）工業株式会社と正式に改称。1964（昭和39）年には本社と工場を現在地に移転したことを機に、**キッセイ薬品工業株式会社**へと変更しました。

6 宿場町の旅籠から一念発起!

ツルヤ（小諸市）

長野県を中心に食品スーパーを展開する**ツルヤ**。小諸市に本社を置き、多くの店舗を構えています。高品質なオリジナル商品は地元民はもちろん、信州のお土産として観光客にも人気を集めています。

北国街道の宿場町「小諸宿」の旅籠屋である**鶴屋**に生まれたのが、創業者の掛川菊之助です。旅籠屋の廃業が相次ぐ中、一念発起して商いを始めた菊之助。明治25（1892）年、海産肥料商「初代鶴屋菊之助」として創業しました。海のない信州での海産物商は成功し、昭和25（1950）年には3代目の掛川誠司が**株式会社つるや**を設立。今でも「町のお魚屋さん」として食卓に新鮮な海鮮を届けています。

7 車社会に適応したホテル ルートイン（上田市）

「ホテルルートイン」「ルートイングランティア」「グランヴィリオホテル」「アークホテル」を国内外300店舗以上（2024年6月現在）を運営する**ルートイングループ**。1977（昭和52）年に永山興産株式会社として上田市で生まれました。1985（昭和60）年に第1号店の上田ロイヤルホテルを開業します。1996（平成8）年には「ルートインジャパン株式会社」に社名変更しました。

ルートインのお名前は「車での移動に最適なホテル」を目指

し、ルート（道路）沿いに展開するホテルというコンセプトに由来しています。車社会の長野県にピッタリなお名前だといえますね。

⑧ 薬局に欠かせない“アレ”に由来
とをしや薬局（安曇野市）

安曇野市を本社とし、ドラックストアや薬局の運営を営む株式会社**とをしや薬局**。とをしやは江戸時代末期の1847（弘化4）年に創業されました。「とをし」とは篩（ふるい）を意味し、当時の屋号は篩屋でした。江戸時代の薬局で篩は必需品だったそうですよ。

1996（平成8）年に株式会社とをしや薬局を設立。現在は地域のお客様にとって本当に良いものだけを提供するべく、我々自身が良いものを厳選する「とをし」となり、お客様の代わりに良いものを厳選するという意味になっています。

⑨ 信州のシンボル「アルプス」の麓で
アルピコグループ（松本市）

松本市を中心に交通・観光からレジャー、不動産まで幅広いサービスを手掛ける**アルピコグループ**。アルピコの前身は、

1920（大正9）年に筑摩鉄道株式会社として創立します。翌年には松本～新村間の鉄道工事を竣工し、営業を開始。1943（昭和18）年には松本自動車株式会社がグループ入りし、電車・バス営業の一本化が実現しました。

1992（平成4）年にグループ名称を「アルピコ」に決定。アルピコ（ALPICO）のお名前は、日本アルプスを背景とする地域に事業展開していることから、ALPINE CORPORATIONSの頭文字をとって命名されました。

⑩愛称が社名の由来に
マルコメ（長野市）

信州といったら信州味噌

1854（安政元）年に長野市で創業者の青木民右衛門が味噌醤油醸造業として始めた**マルコメ**。1980（昭和55）年に発売しただし入り味噌「料亭の味」が大ヒットし、味噌業界の最大手となりました。今日もトップ企業として、味噌をはじめ大豆や麹などの発酵食品を全世界に届けています。

そんなマルコメのお名前は、第二次世界大戦以前から掲げられていた丸印の中に米を書いた看板のマークに由来しています。お客さんからはマルコメさんの愛称で親しまれていたとのこと。「○」は原料の大豆を、「米」は同じく原料の米を表しています。1948（昭和23）年には青木味噌醤油株式会社を設立し、商品ブランド名はマルコメになりました。1967（昭和42）年には社名をマルコメ味噌株式会社、1990（平成2）年にはマルコメ株式会社に変更しました。

発祥の地を探る

湖池屋

長野県の湖といえば諏訪湖がいちばんに思い浮かばれます。湖州15.9キロメートル、最大水深7.2メートルと、長野県最大の湖です。

ところで、ポテトチップスで有名な湖池屋は、1953（昭和28）年創業の老舗スナック菓子メーカーです。その社名は湖池屋ですが、創業者は出身地が諏訪の小池和夫さん。本来なら小池屋になるはずのものを、「湖池屋」としました。

そこには小池社長の「諏訪湖のように会社を大きく成長させたい」という願いがこめられていたのです。

諏訪湖

養命酒

テレビのCMでもおなじみの養命酒。その歴史は古く、1600年ころ、伊那郡の庄屋である塩澤家当主、塩澤宗閑によって始まった「養命酒」の製造までさかのぼります。

現在は養命酒製造株式会社となり本社は東京にありますが、製造は今でも駒ヶ根市で行っています。

まじめか

上田城

上田城周辺の「城下町地名」を歩く旅

信州第三の都市、上田市。上田城から格子状に整備された区画は松本城下町と同様、築城時に整備してつくられた町であることを示しています。上田城を築城したのは智将で知られた真田昌幸（さなだまさゆき）。上田市街地には今でも、真田家や上田城に関する地名がたくさん残っています。

上田城とまちの歴史

上田城は1583（天正11）年に築城されました。徳川軍の攻撃を2度にわたって退けたことから、「不落城」の異名を持ちます。天守は残っていませんが、北櫓・南櫓・西櫓などがあり、いずれも県宝に指定されています。関ヶ原合戦の後に城主が真田昌幸から長男の信之に移り、仙石氏（三代）、松平氏（七代）と続きました。

上田城南側の「上田城跡駐車場」から見える段丘は「尼ヶ

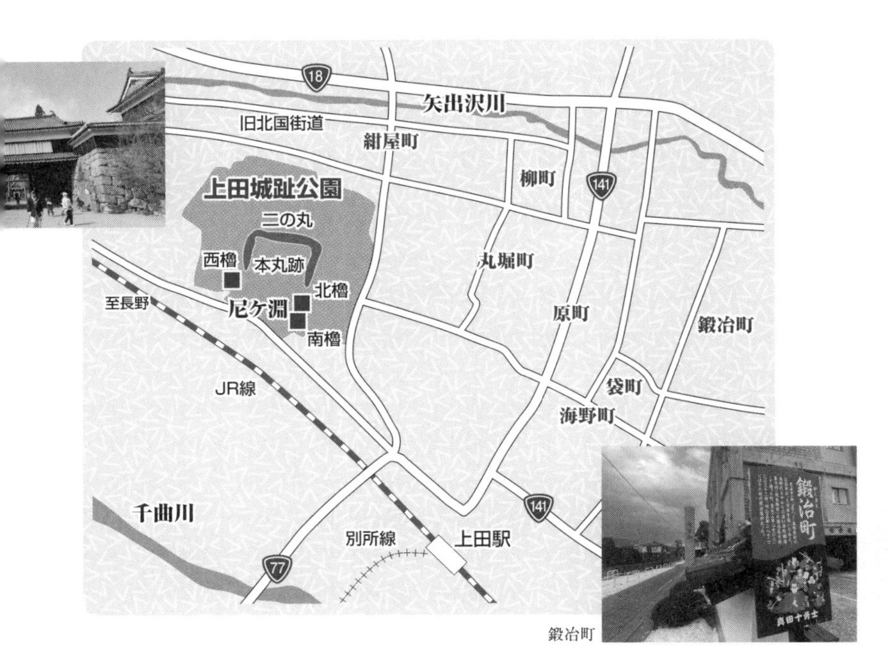

鍛冶町

淵」と呼ばれ、かつて千曲川の分流が流れていたことから、天然の要塞になっていました。北側と西側には「矢出沢川（やでさわがわ）」が流れており、こちらは外堀の役割を果たしていました。北、西、南側が塞がれていることから、昌幸は東側に城下町を整備していったのです。

海野郷から来た人々の町 海野町（うんのまち）

海野町の志（じ）まん焼き（富士アイス）

真田昌幸が最初に整備したのが「**海野町**」。先祖にゆかりのある「海野郷（現在の東御市海野宿のあたり）」から人を移住させ、城下町として発展させたのが始まりです。江戸時代には北国街道の上田宿としても栄えました。現在は商店街となっており、食べ歩きもできる人気の観光スポットです。

ちなみに海野町と共に整備されたのが「**原町（はらまち）**」。原之郷（現在の上田市真田町本原）から商人たちを移住させて発展させました。

鍛冶屋を移住させた町 鍛冶町（かじまち）

上田城を築城した後に海野郷海善寺村（現東御市）から鍛

冶屋を移してつくった「**鍛冶町**」。1706（宝永3）年には32軒、1872（明治5）年には16軒の鍛冶屋があったそうです。

紺屋は染物屋の意

紺屋町（こんやまち）

海野郷から紺屋を移住させてきた「**紺屋町**」。紺屋とは染物屋のこと。1706（宝永3）年には10軒ほどの紺屋があったそうです。のちに上紺屋町と下紺屋町に分かれました。

“袋の鼠”に由来

袋町（ふくろまち）

三代仙石氏が馬場町から道をひらいて武家屋敷をつくった際、道が行き止まりになったことから「**袋町**」と呼ばれました。のちに行き止まりをなくして海野町とつながったことから、この通りを「ねずみ小路」と呼ぶようになったそう。昭和期からは歓楽街としても栄え、今日でもネオンサインが所狭しと連なっています。

原町と紺屋町の間にできた町

柳町（やなぎまち）

原町や紺屋町ができた後、

柳町

両町をつなぐ道に旅籠屋や商家が軒を並べてできたのが「**柳町**」。今でも趣を残す佇まいから、観光スポットとしても人気を集めています。柳町は通りに面して柳の木があったことに由来します。柳は寒暖差にも強く水害防止にも役立つため、街路樹としてよく利用されていました。

丸いお堀があった
丸堀町（まるぼりまち）

「**丸堀町**」は現在の清明小学校近くにあり、ここは当時、上田城三の丸の中屋敷でした。東側には池のような丸いお堀があり、横の通りを「丸堀通り」と呼んだのが始まり。

上田城築城以前の地名たち

上田城の由来になった地名「**上田**」は鎌倉末期の「上田荘」が元となっていますが、現在の上田市街地よりはもう少し北側に位置していたようです。「上（うへ）た（場所をあらわす接尾語）」から、段丘の上にあった場所をあらわす地名だと推測されています。

復元された東虎口櫓門

また鎌倉時代には「常田庄（ときだのしょう）」という荘園もありました。現在でも信州大学繊維学部やイオンスタイル上田のあたりには「**常田**」という地名が残っています。名字の「常田」さんもこの辺りがルーツです。また近くにある「**踏入**」という地名も古く、常田庄に「踏み入る」ことに由来し、里への「入口」を意味しているのではないかと考えられています。

信州さーもんのつぶやき

上田で美味だれ焼き鳥を食べよう!

上田市で食べてみたいのが「美味だれ焼き鳥」。上田市には現在でも数多くの焼き鳥店があり、そのほとんどが美味だれ焼き鳥を提供しているよ。

美味だれ焼き鳥とは、「すりおろしのニンニクが入った醤油ベースのたれ」を使った上田エリア独特の焼き鳥。すりおろしたリンゴを入れて酸味がかったお店もあるんだ。上田市の登録商標であり、正真正銘の「信州上田名物」!

お店によって美味だれのレシピは違うから、ハシゴしていくつかの店を食べ比べてみるのも面白いかも! (97頁参照)

天竜
向方

向方のなまえは…
どこから呼ばれた地名なのか

　南北に天竜川が縦断する下伊那郡天龍村の山奥に、**向方**(むかがた)という地区があります。「向(む)こう方(がた)」が訛った言葉のようで、いかにも別の場所から付けられた地名です。誰がどこから付けたお名前なのか、向方地区の皆さんにお話を聞いて、自分なりに考察してみました。

天照皇大神宮

向方風景

向方地区は標高700～800メートルほどにあり、麓には早木戸川と大河内川が流れます。向方のある山中に川はないものの、代わりに湧水が豊富だそうです。地区の中心には天照皇大神社があり、地元では天照大神社とも呼ばれています。毎年1月3日には国重要無形民俗文化財に指定される「向方のお潔め祭り」が行われる神社です。天龍村坂部（さかんべ）の「坂部の冬祭り」や遠山郷（飯田市）の「霜月祭り」などと同じく、霜月神楽のひとつです。

向方地区のとなりにある坂部という地区を拓いた熊谷家が代々残してきた『**熊谷家伝記**』によると、向方の郷が拓かれたのは南北朝時代の終わり、14世紀頃だとされます。

地元の方曰くこの地には「村松」さんがたいへん多く、ルーツは伊勢（三重県）にあるのだといいます。南北朝時代の終わりに天皇に仕えていた一族が伊勢から天龍村へ落ち延び、すでに土着していた熊谷氏の許しを得て向方の郷に住むようになったそうです。どうやら向方と呼び出したのは村松氏だということが見えてきました。

村松氏は600年ほど前に伊勢から新野（にいの）（阿南町）を通り、同じく天龍村の見遠（みとお）（見当）という地へたどり着きました。ここに拠点を定めようとした時、ふと見ると反対側の山にひらけた土地があることに気が付きます。やはり**向こう側の土地に住もうと決めたのが、向方の郷だった**のです。

村松氏が向方地区に拠点を置いた後、その息子たちは平らな土地の広がる新野へ移ったのだそうです。『熊谷家伝記』によると、新しい田んぼを拓いたことから初めは「新田」と名づけようとしたものの、かつて**仕えていた御家人の新田義貞（にったよしさだ）の字をもらうのは畏れ多いからと「新野」に決まった**ということ。

ちなみに向方の村松さんたちの話し方を聞いていると、例えば「引き下がる」を「ひさある」、「一昨年」を「おといし」といった感じで、独特な訛りがあるように感じました。「向こう方」を「むかがた」と呼んでもなんら不思議はありません。また向方地区の特産品に「ていざなす」という赤ん坊ほどの大きな茄子があります。由来は「田井沢（たいざわ）さんのつくっていた茄子」で、「たいざわなす」が訛ったお名前なのだそう。こうして本来の意味を残しつつ不思議なお名前が広がっていくのは面白いなと思いました。

ていざなす

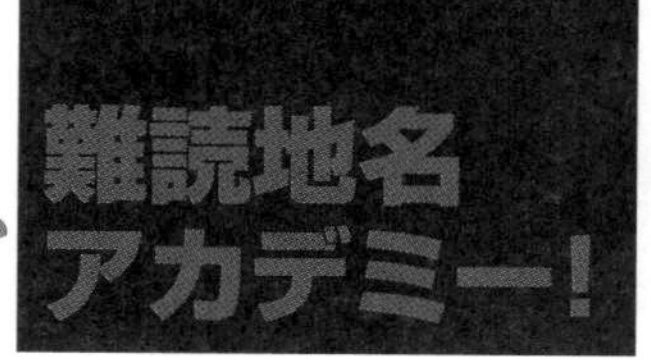

71 梶海渡【松本市 神林】
72 尾羽林【木曽町 三岳】
73 小舘【中野市】
74 六工【筑北村 坂北】
75 親町【飯島町】
76 十人【上田市】
77 和子【上田市 東内】
78 長入【上田市 芳田】
79 桧原【根羽村】
80 郷仕川原【東御市】
81 宿渡【小海町】
82 母袋【長野市 稲葉】

83 杵淵【長野市 篠ノ井】
84 茂菅【長野市】
85 真湯【野沢温泉村】
86 蕨平【高山村】
87 神畑【上田市】
88 豊殿【上田市 芳田】
89 両神【小諸市】
90 新子田【佐久市】
91 清万【御代田町】
92 豊昇【御代田町】
93 内鎌【池田町】
94 陸郷【池田町】

95 社【大町市】
96 倭【松本市梓川】
97 御倉町【岡谷市】
98 神明町【岡谷市】
99 西四王【下諏訪町】
100 毛賀【飯田市】
101 神子柴【南箕輪村】
102 長下【売木村】
103 上五明【坂城町】
104 坂端【坂城町】
105 栗生【南相木村】

こたえ

ちょっとしっこ まってくるわ
みぐさいな あんた

71 カジカイト
72 オババヤシ
73 オタテ
74 ロック
75 シンマチ
76 ジュウニン
77 ワゴ
78 オサイリ
79 ヒバラ
80 ゴウジガワラ
81 シュクド
82 モタイ
83 キネブチ
84 モスゲ
85 シンユ
86 ワラビタイラ
87 カバタケ
88 トヨドノ
89 リョウジン
90 アラコダ
91 セイマン
92 ホウショウ
93 ナイガマ
94 リクゴウ
95 ヤシロ
96 ヤマト
97 オクラチョウ
98 シンメイチョウ
99 ニシシオウ
100 ケガ
101 ミコシバ
102 ナガシモ
103 カミゴミョウ
104 サカハ
105 クリュウ

信州
おなまえ旅

名湯めぐり

　仕事終わりにヒトップロ、そんな生活ができるのも信州暮らしの良いところです。長野県には温泉地が200ヶ所以上もあり、北海道に次いで2番目の多さ。温泉名は色や味、湧き出た場所などさまざまなものが由来となっています。

渋温泉

　例えば志賀高原の麓にある「渋(しぶ)温泉」。源泉がかたまった析出物を舐めてみると、しょっぱさの後に独特の渋味を感じることができます。**この渋味こそが「渋温泉」たる所以**なのです。お名前の由来を知れば、信州の温泉をもっと知ることができるようになるかもしれません。

白骨のような析出物が特徴

白骨温泉（しらほね）

白骨温泉は松本市の西側、乗鞍高原や上高地のある山間部にあります。標高1,400メートルの山の中に湧き出た乳白色のお湯が特徴です。お肌にやさしい弱酸性のお湯には硫黄と炭酸成分も含まれており、「3日入れば、3年風邪をひかない」と伝わる名湯です。鎌倉時代にはすでに湧き出ていたらしく、本格的に温泉宿が開かれたのは江戸時代中頃のこと。

白骨と書いて「しらほね」と読む、ちょっと不気味な温泉。当時は白船とも呼ばれていたようです。由来は諸説ありますが、**温泉の成分が湯船に付着して白くなるから**だといわれています。大正時代に書かれた中里介山（なかざとかいざん）の未完長編小説『大菩薩峠』の中で「白骨の巻」という章があり、その中で「白骨温泉」と書かれていることから「白船」ではなく「白骨」として一般に定着しました。

ところで白骨温泉の源泉は、実は透明なのです。空気に触れることで酸化し、徐々に乳白色へと変化していきます。温泉に含まれる硫黄分とカルシウム成分は、空気に触れると白濁して見えるようになるのです。源泉温度も35〜45度と低めなので、加温したお湯と交互に入るのがおすすめ。

個性ある13の外湯たち

野沢温泉

野沢温泉は雪国北信濃にこんこんと湧く、信州を代表する歴史ある古湯です。8世紀前半に僧の行基によって発見されたと伝わり、江戸時代には湯治場として発展しました。

湯量豊富な野沢温泉には、温泉街に**13ヶ所の外湯（共同浴場）**があります。いずれも無料で入ることが可能。地元民でも観光客でも気軽に名湯を楽しむことができます。これらの外湯は、江戸時代から続く“湯仲間”という制度によって、地元の人たちの手で管理され守られてきました。入浴無料とはいえど、各外湯にある賽銭箱にお気持ちとしてお金を納めましょう。

そんな野沢温泉発祥の地ともいわれるのが外湯のひとつ「熊の手洗湯」です。**手負いの熊が傷を治したという伝説**からそのお名前が付けられました。かつて河原にあったことから名付けられた「河原湯」も、大湯や熊の手洗湯と並ぶ「野沢温泉三大古湯」のひとつです。ほかにも「松葉の湯」があった場所には弓を練習する場所があり、「的場」がなまって「松葉」になったといわれています。

松本城主御用達の古湯

浅間(あさま)温泉

松本駅より少し北の方にある**浅間温泉**は、松本城の奥座敷とも呼ばれていた由緒正しい温泉です。江戸時代頃には深志城（松本城）主の御用達でした。

飛鳥時代に書かれた『日本書紀』には**信濃国の名湯として「束間(つかま)の湯」が紹介**されています。「つかま」は「筑摩」とも書き、現在の「美ヶ原温泉」か「浅間温泉」のあたりを示していますので、信州でも有数の古湯であることがうかがえます。また1,000年ほど前に地元の豪族であった犬飼氏に発見されたことから「犬飼の御湯」と呼ばれていたという記録も残っています。

いまでは古き良き温泉街の街並みを残しつつ、おしゃれなカフェやリノベーションホテルもオープンしており、新旧共に魅力的なスポットに進化しています。泉質はアルカリ性単純温泉です。

7つの味をブレンドして楽しむ

七味温泉

高山村には8つの温泉地があり、**高山温泉郷**と呼ばれています。奥山田温泉、七味温泉、五色温泉、松川渓谷温泉、山田温泉、蕨温泉、子安温泉、YOU遊ランド、それぞれ個性のある良質な温泉です。

七味温泉は黒湯や綿湯など個性の違う7種の源泉を持つことから名付けられました。昔は7つの源泉を混ぜて使っていたそうですが、最近では温泉によって源泉をかえたりブレンドしたりと、個性豊かな温泉に入ることができます。

色が変化する不思議な温泉

五色温泉

七味温泉と同じく高山温泉郷のひとつ。**天候の変化や酸化具合によって白色、クリーム、コバルト、ブラック、グリーンと5色に変化する**ことから名付けられました。現在は五色の湯旅館に宿泊しないと入浴できないレアな温泉です。

嚙んでいたヒル（ニンニク）を投げた伝説から？ 

昼神温泉

1973（昭和48）年に発見された新しい温泉地である阿智村の**昼神温泉**。JR中津川線のトンネル工事でボーリングをしていたときに、偶然発見されました。しかし昔から阿智村のあたりには武田信玄の隠し湯があったという伝承や、江戸時代にも温泉が湧いていた記録が残っているそうです。明治期に起きた土砂崩れによって温泉は埋もれてしまったため、温泉は「再発見された」という説もありますが、同じ温泉かどうかは分かっていません。

川沿いに旅館が建ち並び中京圏からのアクセスも良いことから、今では南信州を代表する人気温泉地として賑わう昼神温泉。pH9.7という強アルカリ性泉であり、日本屈指の「美肌の湯」。優しくまろやかなお湯で、湯上がりはお肌がツルツルになります。

昼神温泉は地名から付けられたお名前ですが、その由来にはいくつかの説があります。日本書紀によると、日本武尊が東国に遠征した帰りに、阿智村の信濃坂（現在の神坂峠）で荒ぶる山神が鹿の姿になってゆく手を阻みました。日本武尊はそのとき嚙んでいたニンニクを鹿の目に投げつけて倒したそうです。この伝説から**旅人は峠を越えるときにニンニクを嚙み、**

人や馬に塗りつけて通る風習ができました。昔は**ニンニクやノビルのことを「蒜（ヒル）」と呼んだことから、この地が「蒜噛み＝昼神」と呼ばれた**のだそうです。

もう一説は、この地にある阿智神社に祀られている「天思兼命（あめのおもいのかねみこと）」に由来します。戸隠神社（長野市）の中社にも祀られており、天照大神（あまてらすおおみかみ）が天の岩戸に隠れてしまったときに、知恵を絞って戸を開けさせた神様です。太陽の神様である天照大神が天の岩戸に隠れてしまったことで、世界は闇に包まれました。**昼間の明るさを取り戻すことに貢献した天思兼命は「昼神」と呼ばれるようになり、阿智神社のある土地の名前になった**のだそう。ちなみに阿智神社は天思兼命と、その御子神（子どもの神様）である天表春命（あめのうわはるのみこと）が高天原から下界へ降り立った場所だといわれています。

ななくりの里に湧いた温泉

別所（べっしょ）温泉

別所温泉は上田市の中心よりやや南西部にあります。国宝・八角三重塔のある安楽寺や北向観音をはじめ、神社仏閣や史跡の多い古き良き街。

そんな別所温泉にも昼神温泉と同じように、日本武尊（やまとたけるのみこと）の東国遠征伝説があります。松本と上田をつなぐ保福寺峠（ほふくじとうげ）で、霧の中から現れた白髭の老人に「**七つの湯が湧き、人々の七つの苦を助ける**」と教えを受けたヤマトタケル。山の中を探して見つけ出した温泉に「**七苦離（ななくり）の湯**」と名付けました。「七久里の湯」とも呼ばれ、これが別所温泉ではないかといわれています。

鹿が教えてくれた秘湯

鹿教湯（かけゆ）温泉

丸子温泉郷は上田市丸子地区に点在する温泉の総称で、**霊泉寺（れいせんじ）温泉**、**鹿教湯温泉**、**大塩（おおしお）温泉**の3つからなっています。

どこも渋くて素敵な温泉地ですが、中でも鹿教湯温泉には、鹿が教えた湯と書くことから**鹿に化けた文殊菩薩が猟師に温泉のありかを教えた伝説**が残っています。昔から病気や怪我を癒す湯治場であったようです。川沿いで起伏のある地形にあるため、元々は「崖湯」もしくは「欠け湯」だったのかもしれませんが、詳しい由来は分かっていません。

信州さーもんのつぶやき

信州は温泉大国!

長野県は温泉地の数が北海道に次いで2番目に多いんだ！温泉のある宿泊施設も1,000軒近くあって、全国2位。源泉のバラエティも豊富で、色や匂い、温度や施設の個性を楽しみながら入れるのが魅力だよ。自分の好みに合った、お気に入りの温泉を見つけてみてね！

温泉に入るサルが有名な山ノ内町の「スノーモンキー」

※令和２年度温泉利用状況（環境省）参照

国指定重要文化財「片倉館」

おなまえスイッチ

ユニークでレトロな

信州の温泉&銭湯

温泉めぐりといえば温泉地には地元民に愛される温泉・銭湯（外湯）も多いですね。戸倉上山田温泉には国民温泉、万葉超音波温泉などのユニークな名前のものもあります。諏訪には「千人風呂」と呼ばれ１００人が立ったまま入れるという、まるでプールのような温泉・片倉館もあります。1929（昭和4）年に設立されたこのゴシック調の建物は、浴槽だけでなく、階段、大広間など独特の様式で、来館者の目を楽しませています。諏訪は街中の銭湯もクラシカルなものが多く、全国の温泉ファンが多数訪れます。

片倉館
千人風呂

菅野温泉
（諏訪）

また松本市の銭湯・塩井の湯は、片倉館同様、建物自体が町の景観を際立たせていて、とても魅力的です。

まじか

国民温泉
（戸倉上山田温泉）

塩井の湯（松本）

アニメ聖地巡礼
信州に見る「クールジャパン戦略」

アニメツーリズムのロゴ

『**もののけ姫**』のキャラクターの名前のヒントになった富士見町のことが出てきましたが、長野県はアニメと相性がいいのか、これまでにたくさんのアニメが県内を舞台に作られています。

特に最近では新海誠監督（小海町出身）の映画『**君の名は。**』の有名な湖のシーンが諏訪湖（諏訪）や松原湖（小海町）などを舞台にしたといわれており、国内外から多くのアニメファンが、いわゆる聖地巡礼として訪れています。信州も含め日本各地がこの**聖地巡礼の地**として登録され、政府のアニメツーリズムの後押しもあって、その人気は増すばかりです。

そもそも聖地巡礼の発祥は？

ではアニメ聖地巡礼にも発祥の地があるのでしょうか。実は発祥の地の記念碑が飯田線田切駅に建っていることは案外知られていません。1991年にOVA

飯田線田切駅のアニメ聖地巡礼発祥の地の碑

(オリジナル・ビデオ・アニメ)『**究極超人あ〜る**』が放映されて、主人公が所属する写真部の一行が、伊那市まで撮影旅行する過程で、誤って田切駅で下車してしまい〜〜という話で、この作品を見たアニメファンたちが、田切駅を訪れたというのがその発端のようです。(アニメの聖地巡礼に関してはいくつかの説があるようです)

また、聖地巡礼というワードが広く認知されるきっかけとなったのは、2002年放映の『**おねがい☆ティーチャー**』と言われています。舞台のモデルとなった長野県大町市の木崎湖周辺にファンがたくさん訪れたことで、聖地巡礼という言葉が定着していったようです。では長野県が舞台のそのほかの作品にはどんなものがあるでしょう。

サマーウォーズからorangeまで

まず2009年制作の『**サマーウォーズ**』は、舞台である上田市への聖地巡礼がファンの間で話題になりました。上田電鉄別所線もその景色の素朴さから、いまも多くのアニメファンを魅了しているようです。

別所線丸窓電車(別所温泉駅)

2016年10月から放映された『**ALL OUT**』は菅平が舞台のラグビー部の青春を描いています。菅平は町内に100面以上のラグビーコートが存在していて、シーズンには首都圏からの合

小諸懐古園

宿で賑わっています。

2012年3月まで放映された『**あの夏で待ってる**』の舞台は小諸市。ファンの間では“なつまち”の愛称で呼ばれています。城下町と宿場町の風情を残す小諸市があますところなく描かれ、歴史を含めた巡礼の地として定着しました。

松本を舞台とした『**orange**』は映画が2015年、アニメは2016年に放映されました。高校生の主人公が10年後の自分から手紙を受け取るという不思議なストーリー。松商学園、あがたの森公園、女鳥羽川。松本の素敵が詰まった作品です。

同じ2015年では長野市の善光寺を初め、近隣の観光地も多数作中に出てくる『**長門有希ちゃんの消失**』が挙げられます。このアニメはライトノベルの名作「涼宮ハルヒの憂鬱」のスピンオフ作品として有名です。

実写映画でもファンを魅了する信州

アニメでの聖地巡礼は有名ですが、実写映画でも多くの作品の舞台となりました。古くは1987年公開の『**私をスキーに連れてって**』で、ヒロインの原田知世の真っ白なスキーウェアは、当時のバブリーな風潮に乗って大流行になりました。

2023年公開の是枝裕和監督の『**怪物**』では、諏訪湖周辺を舞台に、少年たちのはかなくもうつくしいひと夏の物語を描か

諏訪湖を望む立石公園

れています。特に諏訪湖を見渡すことのできる立石公園で、主人公の2人の少年が遊具を登っていくシーンは印象的で、多くの人々の記憶することとなりました。

また同じ年、松本出身の映画監督・山崎貴の『**ゴジラ-1.0（マイナスワン）**』が公開されましたが、翌2024年の第96回米アカデミー賞で見事、視覚効果賞を受賞しました。その中のあるシーンでは岡谷市にある旧市役所庁舎で撮影が行われていますが、いまファンの間で静かな聖地巡礼の地となって、訪れる人も増えているようです。

岡谷市旧市役所庁舎

長野フィルムコミッションによって記録される、映画のロケ地は多数に及びます。黒澤明監督の『**夢**』、奥信濃が舞台の『**阿弥陀堂だより**』、若い世代に圧倒的に支持された『**るろうに剣心 伝説の最期編**』、上高地の山並みが美しい『**岳 -ガク-**』、諏訪の一般には公開されていない共同浴場・平湯と千人風呂の片倉館が登場する『**テルマエ・ロマエⅡ**』など、映画における重要なシーンが信州で撮影されていることは、信州人にとって嬉しいことですね。

難読地名アカデミー！ 上級編

21 稲核【松本市 安曇】
22 大蒿崎【松本市 里山辺】
23 稲倉【松本市】
24 勝弦【塩尻市】
25 中挟【塩尻市】
26 高家【安曇野市 豊科】
27 閏田【大町市 社】
28 源汲【大町市 平】
29 上篭【大町市 八坂】
30 椚原【松川村】

31 李平【小谷村 北小谷】
32 土倉【小谷村 千国】
33 上（中・下）氷鉋【長野市】
34 塩生【長野市】
35 伺去【長野市】
36 鑪【長野市】
37 左右【長野市 信州新町】
38 寂蒔【千曲市】
39 蓮【飯山市】
40 平穏【山ノ内町】

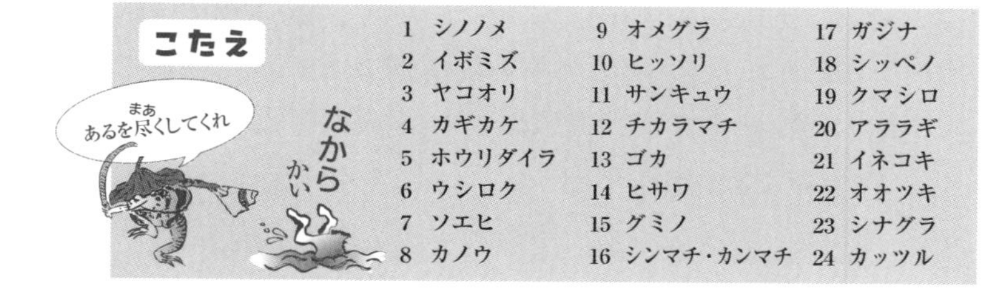

こたえ

1 シノノメ	9 オメグラ	17 ガジナ
2 イボミズ	10 ヒッソリ	18 シッペノ
3 ヤコオリ	11 サンキュウ	19 クマシロ
4 カギカケ	12 チカラマチ	20 アララギ
5 ホウリダイラ	13 ゴカ	21 イネコキ
6 ウシロク	14 ヒサワ	22 オオツキ
7 ソエヒ	15 グミノ	23 シナグラ
8 カノウ	16 シンマチ・カンマチ	24 カッツル

なかなか手強い難読地名。初・中・上級合わせてあなたは何点でした？

1 東雲【小諸市】

2 耽水【佐久市】

3 八郡【佐久穂町】

4 鎰掛【小海町】

5 祝平【南相木村】

6 牛鹿【立科町】

7 傍陽【上田市 真田町】

8 和【東御市】

9 男女倉【長和町 和田】

10 日曽利【飯島町】

11 山久【飯島町】

12 主税町【飯田市】

13 伍和【阿智村】

14 陽皐【下條村】

15 萸野【根羽村】

16 下町・上町【根羽村】

17 我科【泰阜村】

18 漆平野【泰阜村】

19 神稲【豊丘村】

20 蘭【南木曽町】

旅じゃな 難読な

25 ナカバサミ
26 タキベ
27 ウルウダ
28 ゲンユ
29 アゲロウ
30 クヌギハラ
31 スモモダイラ
32 ヒジクラ
33 カミ（ナカ・シモ）ヒガノ
34 ショウブ
35 シャリ
36 タタラ
37 ソウ
38 ジャクマク
39 ハチス
40 ヒラオ

戦下の子どもたちに教育を…

県歌『信濃の国』誕生ヒストリー

信濃の国は十州に、境連ぬる国にして。

勇壮なメロディと共に、信州の風土や情景を映し出す長野県歌『信濃の国』。長野県が2015（平成27）年に実施したアンケートによると、長野県出身かつ在住者の約8割が歌えると回答するほど愛されています。そんなバツグンの認知度を誇る長野県歌『信濃の国』ですが、実は元から長野県歌にするためにつくられたわけではありませんでした。

今回は作詞者の**浅井洌**(あさいれつ)に触れながら、“信州の教科書”とも呼ぶべき『信濃の国』誕生の理由と、長野県歌になるまでの歴史をご紹介します。

長野県歌『信濃の国』の作詞者「浅井洌」

浅井洌は1849（嘉永2）年に松本藩士・大岩昌言(まさのり)の三男として松本城下に生まれました。12歳の時に同じく松本藩士の浅井持満の養子となります。幼い頃から国学や儒学、剣術や槍術を学び、文武両道の修業に励んだといいます。

1869（明治2）年、21歳の時に松本藩崇教館(そうきょうかん)に入校し、大日本史や詩経、史記などを学びました。1873（明治6）年、25歳で開智学校に勤務するも、10月に病気のため辞しています。1886（明治19）年、38歳で長野県尋常師範学校（信州大学教育学部の前身）に出仕し、長野市に移り住みます。

1899（明治32）年、51歳で長野県の小学校用唱歌として『信濃国』を発表。『信濃の国』が長野県歌に制定されたのは1968（昭和43）年のことですが、その30年前の1938（昭和13）年に90歳で死去しています。

『信濃の国』は戦下で子どもたちのために生まれた

『信濃の国』が生まれたのは日清戦争後。日本では戦争を助長するような軍歌が流行し、学校でも盛んに歌われていました。そんな時だからこそ「子どもたちに郷土の文化や歴史を学び、歌ってほしい」と小学唱歌授業細目取調委員会が設立され、唱歌教授内容の再編に乗り出しました。『信濃の国』はこの動きの中で生まれたのです。

浅井洌は作詞を任され、最初の作曲は師範学校音楽教諭の依田弁之助が担当しました。1899（明治32）年、**『信濃教育会雑誌』に小学唱歌として『信濃の国』が発表**されます。しかしこれはあまり定着せず、依田の後任としてやってきた北村季晴（すえはる）が第二の作曲を手がけます。1900（明治33）年には師範学校運動会で女子部の遊戯用としてダンスとともにお披露目されました。

『信濃の国』は子どもたちが信州の風土や歴史を学ぶためにつくられたため、歌詞には当時の地理や歴史の教科書で学ぶ要素が散りばめられています。1887（明治20）年頃の教科書では名勝旧跡を紹介する意識は低かったようですが、1894

（明治27）年以降の教科書では名勝旧跡の項目が独立してみられるようになりました。『信濃の国』では4番の歌詞で登場しています。

ほかにも長野県内の東西南北や武人文人などが偏らないように気が配られており、のちに長野県歌となるに相応しい内容だといえます。ちなみに「善光寺」や「松本城」「真田幸村」など認知度の高い名勝や人物が登場しないのは、教わらなくても「みんなが知っているから」とのこと。

『信濃の国』が長野県歌になった理由

小学唱歌『信濃の国』誕生の翌年1900（明治33）年、長野県尋常師範学校の運動会でダンスと共に披露されました。これを卒業生たちが赴任先の学校で教えるなどして徐々に広まり、県民なら誰でも歌える歌になっていきました。

1963（昭和38）年、長年続いた「分県論（長野県を北と南に分県しようという論争）」が湧き上がった際、議会傍聴席から『信濃の国』の合唱が起きたことで南北分県を免れたそうです。また1968（昭和43）年に白馬村で開催された国体スキー大会の開会式で『信濃の国』が流れたところ、観客席にいた約3,000人が大合唱したことも当時話題となりました。

こうしたことが積み重なって県歌制定への機運が高まり、**『信濃の国』は1968（昭和43）年5月20日、長野県歌に制定**されました。

『信濃の国』が広まるにつれて作詞依頼が増加した浅井洌は、更科小学校や大下条小学校など70校以上の校歌を作詞しました。実際にその土地を訪れ、地理や民情、風俗や社寺の由来などを聞き、校訓を加味した上で作詞していたそうです。

歌詞から信州の「お名前」を探る

▼1番の歌詞と意味

歌詞	意味
信濃の国は　**十州に**	長野県は 10 の国と
境連ぬる　国にして	接しています
聳(そび)ゆる山は　いや高く	そびえる山はとても高く
流るる川は　いや遠し	川は遠くまで流れています
松本　伊那　佐久　善光寺	松本　伊那　佐久　善光寺
四つの平は　肥沃の地	4つの盆地はよく肥えています
海こそなけれ物さわに	海はないけれど物産は豊かで
万(よろ)ず足らわぬ　事ぞなき	何も不足するものがありません

<境連ぬる国>

現在は8つの県に接している長野県ですが、昔は10の国、つまり十州に囲まれていました。これだけの都道府県と接している国はなかなかありません。まさに「境を連ぬる」国だといえるでしょう。

▼信州に接していた十州

1　越後（新潟県）
2　上野（群馬県）
3　武蔵（埼玉県）
4　甲斐（山梨県）
5　駿河（静岡県）
6　遠江（静岡県）
7　三河（愛知県）
8　美濃（岐阜県）
9　飛騨（岐阜県）
10　越中（富山県）

<4つの平>

長野県には大きな盆地が少なく、少しでも平地のあるところは「たいら」と表現することが多いです。中でも大きな盆地は善光寺平、佐久平、松本平と呼ばれていますが、伊那だけは天竜川に沿って両側にアルプスがそびえているために、伊那谷と呼ぶ方が一般的かもしれません。

- 善光寺平
- 佐久平
- 松本平
- 伊那平（伊那谷）

伊那陣馬形山から伊那谷を望む

▼2番の歌詞と意味

歌詞	意味
四方に聳ゆる山々は	長野県の周囲にそびえる山々は
御嶽 乗鞍 駒ヶ岳	御嶽山、乗鞍岳、駒ヶ岳
浅間は殊に活火山	とくに浅間山は活火山で
いずれも国の鎮めなり	いずれも国が安定するようにおさえています
流れ淀まずゆく水は	とうとうと流れている川は
北に犀川千曲川	北に犀川と千曲川
南に木曽川天竜川	南に木曽川と天竜川があり
これまた国の固めなり	いずれも国の発展の基礎を固めています

<四方に聳ゆる山々>

　長野県にはたくさんの山がありますが、中でも人々の信仰を集める4つの山をピックアップしています。浅間山だけでなく、御嶽山も活火山です。

- 御嶽山
- 乗鞍岳
- 駒ヶ岳
- 浅間山

浅間山

<流れ淀まずゆく水>

長野県を流れる一級河川を4つ紹介しています。

- 犀川
- 千曲川
- 木曽川
- 天竜川

千曲川

▼3番の歌詞と意味

3番では長野県を支えてきた産業を取り上げています。

歌詞	意味
木曽の谷には真木茂り	木曽谷にはヒノキが生い茂り
諏訪の湖には魚多し	諏訪湖では魚が多くとれます
民のかせぎも豊かにて	県民の産業も豊かに発展し
五穀の実らぬ里やある	農産物が豊かに収穫できないところはありません
しかのみならず桑とりて	それだけでなく桑を摘み取って育てる
蚕飼いの業の打ちひらけ	養蚕の技術が広がり
細きよすがも軽からぬ	1軒単位の養蚕農家は小規模でも大事で
国の命を繋ぐなり	国の命運を支えています

<長野県の産業>

- 木曽の林業
- 諏訪湖の漁業
- 農業
- 養蚕（製糸業）

▼4番の歌詞と意味

4番では文学や詩歌に出てくる歌枕を中心にまとめています。

歌詞	意味
尋ねまほしき**園原**や	訪れてみたい園原や
旅のやどりの**寝覚の床**	旅の宿で有名な寝覚の床にも
木曽の桟かけし世も	木曽の桟橋をかけた時代に想いを馳せ
心してゆけ**久米路橋**	久米路橋を注意して渡りましょう
くる人多き**筑摩の湯**	筑摩の湯（浅間温泉）に来る人は多く
月の名にたつ**姨捨山**	姨捨山は月の名所として有名です
しるき名所と風雅士が	いずれも有名で風流な歌人や詩人が
詩歌に詠てぞ伝えたる	昔から詩歌にして詠んで伝えてきました

<長野県の名所>

長野県には古来より和歌や俳句などで詠まれてきた名所が点在しています。

- 園原
- 寝覚の床
- 木曽の桟
- 久米路橋
- 筑摩の湯（浅間温泉）
- 姨捨山

寝覚の床

▼5番の歌詞と意味

5番は信州にゆかりのある偉人たちを紹介しています。チョイスは浅井洌の好みも反映されているのだとか。

歌詞	意味
旭(あさひ)将軍義仲も	旭将軍と呼ばれた木曽義仲も
仁科の五郎信盛(のぶもり)も	仁科五郎信盛も
春台太宰(しゅんだいだざい)先生も	太宰春台先生も
象山(ぞうざん)佐久間先生も	佐久間象山先生も
皆此国(このくに)の人にして	皆長野県の人で
文武の誉(ほまれ)たぐいなく	文武ともに優れていました
山と聳(そび)えて世に仰ぎ	偉人の名誉は山のように高く
川と流れて名は尽きず	その名声は永遠に忘れられることはありません

<信州の偉人たち>

- 旭将軍義仲（木曽義仲）
- 仁科五郎信盛
- 太宰春台
- 佐久間象山

木曽義仲肖像（徳音寺所蔵）

▼6番の歌詞と意味

6番では長野県と群馬県をつないだ碓氷山のトンネルや蒸気機関車に対する感動をめいっぱい表現した後、まとめに入っています。

吾妻はやとし日本武(やまとたけ)
嘆き給いし**碓氷山**
穿(うが)つ隧道(トンネル)二十六
夢にもこゆる汽車の道
みち一筋に学びなば
昔の人にや劣るべき
古来山河の秀でたる
国は偉人のある習い

ヤマトタケルが妻のことを
嘆いたという碓氷山では
26ものトンネルが掘られ
蒸気機関車で山を越えられるなんて夢のようなこと
汽車のように一筋に学び励めば
昔の人に劣ることもないでしょう
昔から美しい山や川に囲まれた
長野県では偉人が育っているのだから

碓氷峠

Skima信州（スキマシンシュウ）

2018年3月にオープンした、長野県のニッチな観光情報を紹介するWEBメディア。人気・定番観光地の「隙間（スキマ）」になるようなテーマを、個人の「主観（スキ）」をもって紹介しています。長野県内外の信州好きライターたちがおすすめするスキマなモノ・コト・ヒトの記事を約1,000本配信中！

＜山本 麻綾（やまもと まあや）＞
『Skima信州』編集長（信州さーもん）
兵庫県生まれ、長野県在住。信州大学人文学部中退。温泉めぐりや御朱印めぐりから長野県内を周遊するようになり、現在は古道歩きと山城歩きに夢中。双体道祖神と首斬り地蔵があるとテンションが上がる。
2021年より古道体験メディア『ノミチ』も運営。

▼Skima信州公式HP（https://skima-shinshu.com/）

屋代神社（千曲市）にて

【参考文献】
『古事記』　新潮日本古典集成（新潮社）
『日本歴史地名体系 20 長野県の地名』（平凡社）
『角川日本地名大辞典 20 長野県』（角川書店）
『信州 地名の由来を歩く』　ベスト新書（ベストセラーズ）
『鬼無里への誘い 蘇る鬼女紅葉』（ほおずき書籍）
『よくわかる長野県の名字』（しなのき書房）
『河童・或阿呆の一生』　新潮文庫（新潮社）
『長野県の地名その由来』（信濃古代文化研究所）
『蘇る高原の縄文王国』井戸尻考古館（編集）
『松本城のすべて』（信濃毎日新聞社）
特別展『信濃の国と浅井洌』図録（松本市立博物館）

【参考にしたサイト】
名字由来net／ニッポン旅マガジン／名字発祥の地／KOTONOHA ウェブ／TABIZINE／ニュース＆イベント　ナビゲーター／みんなのランキング／タウンフォトネット／なまえさあち／発祥の地コレクション／鉄道むすめ／長野県の激渋戦闘／アニメツーリズム 聖地巡礼DB／BRUTUS／ゆるバース／イメキャラ／全国町村会／長野県魅力発信ブログ／日本ご当地キャラクター協会／ゆるキャラ／nippon.com／聖地巡礼マップ／ねとらぼ／JA長野県／醤油の知識／しょうゆ伝道師／紀州味噌工業協同組合／新まつもと物語／ブランド・社名・ロゴマーク由来辞典／手塚治虫 虫ん坊 ほか
●photo提供　写真AC／pixabay／shimoji ほか

◯編 集 石川 孝（ノエル） 企画／デザイン
菊池正則 進行

2024年 7月1日 初版発行

◯著 者 Skima信州
編集長 山本麻綾

◯発 行 信濃毎日新聞社
〒380-8546 長野市南県町657
電話 026-236-3377
ホームページ https://shinmai-books.com/

◯印刷所 信毎書籍印刷株式会社
◯製本所 株式会社渋谷文泉閣

ISBN 978-4-7840-7418-1 C0026